U0637591

历代改革家的故事

丁芬◎编著

中国社会科学出版社

图书在版编目（CIP）数据

历代改革家的故事/丁芬编著. —北京：中国社会科学出版社，
2014.1（2016.5重印）
ISBN 978-7-5161-3559-4

Ⅰ.历… Ⅱ.①丁… Ⅲ.①政治家—生平事迹—中国—
青年读物 ②政治家—生平事迹—中国—少年读物
Ⅳ.K827-49

中国版本图书馆CIP数据核字（2013）第266380号

出 版 人　　赵剑英
责任编辑　　李　森
责任校对　　王桂芳
责任印制　　李寡寡

出　　版　　中国社会科学出版社
社　　址　　北京鼓楼西大街甲158号
邮　　编　　100720
网　　址　　http://www.csspw.cn
发 行 部　　010-84083685
门 市 部　　010-84029450
经　　销　　新华书店及其他书店

印刷装订　　三河市君旺印务有限公司
版　　次　　2014年1月第1版
印　　次　　2016年5月第2次印刷

开　　本　　710×1000　1/16
印　　张　　12.25
字　　数　　131千字
定　　价　　29.80元

凡购买中国社会科学出版社图书，如有质量问题请与本社营销中心联系调换
电话：010-84083683
版权所有　侵权必究

前　言

改革家的革故鼎新精神，历来受人们仰慕。他们有卓识远见，洞察到社会问题的症结，以他们的博学睿智与雄心壮志，革除社会的种种弊端，甚至要改造所处的社会。他们不怕保守势力与反对派的阻拦，勇往直前，敢于赴汤蹈火。改革家是时代的精英，是走在时代前面的人。

从夏、商到鸦片战争，在我国漫长的古代史中，有无数的改革家为实现富国强兵、人民安康，以身殉国。他们虽不像战斗英雄流血牺牲在战场上，但他们同样作出了卓著的历史贡献。

在我国古代社会中，前期有商鞅变法，中期有王安石变法，后期有张居正变法。他们都以变法取得的辉煌成就，而名扬中外。王安石被列宁誉为"中国十一世纪伟大的改革家"。正是有这些伟大的改革家、政治家的推动，中国封建社会不断前进。每当历史危难关头，他们力挽狂澜，挽救了行将倾覆的大厦。

改革的成败，主要看是否有利于生产力的发展，是否有利于推动社会前进，以及其对后世是否具有积极的影响，这三点具备，改

革就是成功的，反之就是失败的。不能只看变法的当时，因保守势力的强大，会一时否认变法的成绩。如秦国商鞅变法，由于当时旧贵族保守势力太强大，一时被迫取消变法内容，商鞅本人也被处以车裂刑。但后来秦国一直在执行变法的内容，变法也对秦灭六国统一中国发挥了重大作用，并对后世产生了深远的影响。

那些发明家、机器制造家等自然科学家，也是在自然科学方面进行改革、改造和发明。他们以自己苦学钻研的创新精神，敢想敢干、百折不挠，经过无数次实验，最后取得成功。隋朝李春建造的赵州桥（原名安济桥），被美国土木工程学会于1991年评定为第十二个"国际历史上土木工程里程碑"。为纪念元朝郭守敬的功绩，国际天文学会决定将小行星2012命名为"郭守敬小行星"。

由于我国历史上战乱较多，历史资料多有遗失，也有的被帝国主义强盗掠走，陈列在他们的博物馆，因此关于我国发明家、科学家发明成果的资料很少。有的科学家连出生年月日都没有，也有的科学家贡献很大，但因本人犯过错误，人们容易以偏概全，这是不公平的。本书还历史以本来面貌，将这些发明家、科学家的历史贡献，详细介绍给读者，并给予全面正确的评价。

在我们这个以汉族为主，并有几十个少数民族的国家中，多数社会科学家、自然科学家都是汉族人，但也有少数民族的改革家，比如鲜卑族的北魏孝文帝、契丹族的蒙古帝国大臣耶律楚材以及十六国时期的帝王前秦苻坚和后赵石勒，他们本人及其领导的国家仰慕汉文化，认为发展农业经济比发展游牧经济进步。他们改革中的汉化政策，不仅加强了民族团结，而且抛弃了狭隘的民族歧视与偏见，摒弃落后民族的习俗，接受先进的汉文化，这些改革家称得上是一流的改革家。从而使我国多民族的封建社会经济、文化发展得更加辉煌、璀璨。

在改革家中，多数是朝臣依靠皇帝进行改革，但也有帝王、皇帝亲自领导的改革：如大禹治水、赵武灵王和南北朝宋武帝的改革、北魏孝文帝的改革、隋文帝的改革和清朝的雍正帝领导的改革。由于他们本人的勤奋、开明，与臣下推诚相见，深入体察民情，他们领导的改革取得了成功，一方面是主观上的努力，另一方面是利用皇权的威力，尽管改革中也遇到一些阻力，但在明君崇高的威望推动下，改革搞得轰轰烈烈。

在封建帝王中，宋武帝的改革，反映了广大民众的利益，重用贫寒之士，严厉打击豪强士族的割据势力。他本人的生活也极为简朴。隋文帝的改革，建立了三省六部制度，对后代影响极为深远。这个封建社会的政治体制，经过唐、宋，一直延续到清朝。

隋朝在刑律上也有重大改革。隋文帝领导制定《开皇律》，废除惨无人道的枭刑、轘刑、宫刑、灭族刑，删除了古传的几千条刑法中的大部分。《开皇律》的制定，对后世的影响深远，具有划时代意义。

党中央号召我们，要多读些历史书籍。本书之撰写，是为了使多方读者受益。各级领导可以学习改革家的勤政、日理万机，整顿吏治，以法治国，深入基层、体察民情，以民为本、重视广大民众

的利益。科技人员可以学到科学家的刻苦钻研，注重实践，理论与实际相结合，以及励精图治、百折不挠、勇于创新的精神。总之，各行各业的读者，都可各取所需，增强为人民服务的意识和能力。

　　本书参考了许多历史书籍，感谢历史专家提供的历史资料。本书虽以故事形式撰写，但都以历史史实为依据，尊重历史本来的面貌，如有错误或不当之处，还请读者批评指正。

丁芬

2013 年 3 月 15 日

目录 CONTENTS

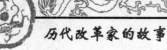

夏朝大禹：综合治水

我国夏朝以前是原始部落时期，从夏朝开始逐渐由原始社会进入奴隶制社会。在社会过渡阶段，尧舜禹时，尚保留着禅让制，从启开始改为世袭制。

夏朝（公元前 2070—前 1600 年），在长达近 500 年的历史中，由于人们征服自然的能力低下，自然灾害严重，尤其是水患，"洪水猛于虎"，百姓的生活环境极为恶劣。江河湖泊没有一定的水道，江河逆流、海水倒灌，人们只能住在丘陵地带。在夏朝那个时代，治理洪水谈何容易。

大禹的父亲鲧（gǔn），被尧封到崇（今嵩山附近），成了一名部落首领，称崇伯。后来，鲧接到舜帝的圣旨，去治理洪水。他采取筑堤防堵的方法，花费了九年的时间，未治理住洪水。被舜帝以"治水无功"处死。舜帝任用大禹继续治理洪水。禹不但没有怨恨舜

帝，而以人民的利益为重，立志继承父业，坚决治服洪水。他采取的方法是综合治理。

要治水必须弄清夏朝的地理位置。夏朝统治地区，主要是黄河中下游和长江下游个别地区。包括今天的山西、河北、山东、河南和江浙一带。在这些地区，有多少高山、多少江河，要进行勘察，掌握第一手资料。当时没有道路，山河没有名字，行路经常迷失方向。每到一地都要立木桩作为标志。视察是一项极为艰苦的劳动。司马迁说，禹陆行乘车，水行乘船，泥行乘撬，山行乘檋（jū）。大禹不仅视察国土，还体察民情，解决人民生活中的问题。让富裕的地方，贡献一点给贫困的地方。大禹继承了尧帝时的民主作风，他善于听取不同意见，出行时，如果看到农民耕田，人手不够，就下车帮助农民拉犁。

大禹定九州，是将统治地区划分为九个区域：冀州、兖州、青州、徐州、扬州、荆州、豫州、梁州和雍州。大禹治水是从冀州开始的。他在冀州首先完成壶口的治理，又治理了梁山和岐山，平整了从太原到太岳山以南的地区，疏通了衡水和漳水，理顺了恒水和卫水，连大陆泽地也整治一新。洛水和黄河之间是兖州，这里有九条河都得到疏通。雷夏泽成了大湖，雍水和沮水汇流其中。土地种上桑树，就可以养蚕。民众纷纷从山上搬下来，安居在平原上。兖州的黑土非常肥沃，草木生长茂盛，充满了生机。大海到泰山之间是青州，这里的堣夷得到整治，淮水、淄水畅通无阻。大海、泰山到淮水之间是徐州，这里的淮水、沂水治理以后，蒙山和羽山一带便可以种植农作物了。大野泽成了蓄水湖，原来的洪水自然全部退去。淮河到大海之间是扬州，彭蠡汇聚成河，松江、钱塘江、浦阳江在这里入海，震泽地区终于平静下来了。荆山和黄河之间是豫州，经过治理，伊水、洛水、涧水已经流入黄河，荥播也汇成湖泊，河泽得到疏浚，明都泽修筑了牢固的堤防。华山南麓到黑水之间是梁州，汶山、嶓（bō）冢山可以耕种了，沱水、涔（cén）水得到疏通，蔡山、蒙山的道路也修好了。黑水与黄河两岸之间是雍州，弱水经过治理，已经向西流去，泾水、漆水、沮水全部流入渭水，荆山、岐山的道路修通。就这样，大禹总共治理了汧（qiān）山、壶口山、砥柱山、太行山、西顷山、熊耳山、嶓冢山、内方山、汶山等九条山脉，疏导了羽水、黑水、黄河、漾水、长江、流水、淮水、渭水、洛水等九大水系。大禹按人的意愿，改变河道，以便把洪水导入东海，导弱水入沙河，导黑水入南海。大禹为了堵住水流，改变水的流向，要找没有石头的土山，在高处使之崩塌来阻断洪水，以使水按照人的意志流动。据《皋陶谟》、《淮南·修务训》最早记载："禹沐浴霪雨，栉扶风，决江疏河，凿龙门、劈伊阙，修彭蠡之防，乘四载，随山刊木，平治水土定千八百国。"传说大禹在黄河龙门山两岸峭壁陡立、十分险要处，将龙门凿开劈为两半，让水流过，于是有了龙门，也叫禹门。

　　传说大禹还绘制了中国第一张地理图作——括象图。为括象图作解释的就是著名的《山海经》。

　　大禹走遍了黄河两岸，每日雨淋日晒，风餐露宿，穿山越岭，

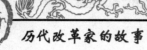

脚趾都磨光了。年过三十岁，刚刚结婚，婚后第四天大禹又去治水。《史记》中有这样的记述："禹抑洪水十三年，过家不入门。"大禹外出治水，十三年曾三次经过嵩山，但都没有进家看看母亲和妻子。据说，他第一次经过家门时，妻子已身怀六甲，还在推磨，边推边骂大禹是个不顾家的死鬼；第二次经过家门时，妻子正把儿子启逗得咯咯笑；第三次经过家门时，大禹抚摸着正在门外玩耍的夏启，让他给奶奶、妈妈捎信，说我一治完洪水就回家。现在嵩山地区还流传着这样的民谣："一过家门听骂声，二过家门听笑声，三过家门捎口讯，治平洪水转家中。"

大禹治水，不单单是治洪水，要用科学方法综合治理。禹时代，海平面上升，海水倒灌陆地。这是千年一遇的洪水泛滥，全世界都是这样。在两河流域，据《圣经·创世记》记载：洪水泛滥，上帝命诺亚造方舟。诺亚做个大方舟，把百姓的家畜、家禽都装上船，待洪水退落后，放出和平鸽，和平鸽衔回橄榄枝。人们下船，各回到家中。这就是"诺亚方舟"的故事。

海水退后，地面一片淤泥，不加以治理，就不便于耕种。大禹还要进行这种田间水渠管理。

大禹为了政治、军事、礼仪、农事的需要，统一编制了历法《夏小正》。《夏小正》依据北斗星柄所指的方位来确定月份，每十二个月为一年。以斗柄指正东偏北方向"建寅"，作为一年的开始。按照十二个月的顺序，分别记述了每个月中的星象、物象、气象及所应从事的政事和农事，以指导农业生产，使老百姓做好春耕、夏耘、秋收、冬藏，并以此来筹划农事。直到今天我们还叫农历为夏历。

舜看到禹治水有功，让禹摄政十六年，舜想把王位让给禹，禹三辞而不受。舜死后，禹推荐舜的儿子商均即位，自己躲到封地小城镇邑阳三年。这时，天下诸侯不去朝见商均，反而跑到邑阳来朝拜禹。又过了三年，禹这才在天下诸侯的拥护下登上王位。

大禹的丰功伟绩，大大超过改革的内容，是远古帝王少有的。

"商汤革命"和伊尹辅佐

在黄河下游有个部落叫商（公元前2070—前1600年），据说汤是帝喾（kù）后代契的子孙，为商部落首领。

一　商朝简史

商族兴起在黄河下游，相当于现在的商丘一带。商部落的历史可以追溯到母系氏族公社时期，这个部落的始祖叫契。传说契的母亲简狄有一次洗澡，忽然发现燕子下了个蛋，吃了以后便怀孕生下契。所以古代有"天命玄鸟，降而生商"的传说。夏朝自孔甲继位为夏王以后，"好方鬼神，事淫乱"，不理朝政，迷信鬼神，专事打猎玩乐，使得人民怨恨，诸侯反叛。由于国力衰弱，无法控制各诸侯国势力的发展。在夏朝的诸侯国中，商自上甲灭有易以后，势力逐渐发展壮大。农业和畜牧业的发展，社会财富的增加，促使商族由氏族制过渡到奴隶制。为了向外发展势力，掠夺更多的奴隶和财物，在上甲微到主癸（ guǐ ）的六个商侯时经常迁徙，如一次是迁到殷（今河南安阳），一次是由殷又迁回商丘等。到了主癸时，商已经是一个具有国王权力的大国诸侯了。主癸死后，由他的儿子汤继位为商侯。商朝统治历时近 500 年。其祖先跟禹一起治过洪水，是有功的部落。夏朝末年，汤做了商的首领，在商的周围还有许多臣服于商的属国。

商汤（约公元前 1650——前 1588 年），姓子，叫子履或子乙、天乙、武乙、成汤等。在位 30 年，其中 17 年为商国诸侯，13 年为商国国王。在商汤灭夏桀和建立商王朝过程中，他的辅臣伊尹起了重要作用。

二　伊尹辅佐

伊尹是个奴隶，相传他出生在伊水边（大概是河南伊川），长大后流落到有莘氏。有莘氏姓姒，是夏禹后裔建立的一个诸侯国。伊尹到了有莘氏以后，在郊外耕种田地以自食。虽然身处田地中，还时时关心形势的变化。他想找到一个有作为的君主，消灭夏桀。他听说有莘国君是一个比较好的诸侯，对平民和奴隶不像夏桀那样暴虐，就想去他那里，但觉得不能贸然而去。于是就说他会烹饪，愿为有莘国国君效力。按照当时的制度，只有作了有莘氏的奴隶，才能为有莘氏所用。伊尹在有莘氏那里自愿为奴隶，来到有莘国君身边当了一名厨子。不久，有莘国君发现他很有才干，就升他为营里

膳食的小头目，他本想劝说有莘国君起来灭夏，但有莘氏是个小国，有莘氏又和夏桀同姓，都是夏禹之后，因而又不便劝说。这期间，商与有莘氏经常往来，伊尹见汤是个有德行、有作为的人，就想去投奔商，可是作为奴隶以后，自己就没有行动的自由，即使是偷跑出去，也会被抓回来，轻则处罚，重则处死。正在这时，商汤要娶有莘氏的姑娘为媳，伊尹认为机会来到，就向有莘国君请求，愿作陪嫁跟随至商。商汤与有莘氏通婚后，伊尹作为陪嫁媵（yìng）臣，伊尹则成为商汤一名厨司，接近商汤。汤任用伊尹和仲虺（huǐ）为左右相，以亳（bó）（今河南商丘）为前进方向，励精图治，灭夏建国。伊尹对夏桀的暴虐、腐败极为愤怒，看出夏临灭亡已为时不远了。他用自己高超的烹调手艺接近汤，并以调味来比喻治国安邦的道理。汤看出伊尹不是一般人，很赏识他的才能，任用其为宰相，辅佐国政。

三　诛灭葛伯

商汤是夏朝第一个王。那时部落的贵族都迷信鬼神，把祭祀天地祖宗，视为重要大事。臣服于夏的葛部落，是亳西面的一个诸侯国。葛伯是忠实于夏桀的奴隶主，是夏桀在东方地区诸侯国中的一个耳目。葛伯不按时祭祀天地祖宗，并说："我们这儿穷，没有牲口作祭品。"汤送去一批牛羊给葛伯作祭品，葛伯把牛羊杀掉吃了，还不祭祀，又说："我们没有粮食，拿什么来祭？"葛国人民在葛伯这个昏君的统治下，生活非常痛苦，衣食都不能自足，汤派商边境的人往葛地送去酒饭，其中有老人和小孩，给帮助葛人种地的人吃，葛伯把那些酒饭都抢走，还杀了送饭的小孩。葛伯这样做，激起大家的公愤。商汤见葛伯是死心塌地与商为敌，不能再用帮助的办法来争取。汤就出兵把葛伯给杀了，葛国人民早就怨恨葛伯，见商汤杀了葛伯，就表示愿意归顺商。汤将葛的土地、人

伊尹

民、财物全部占有，组织葛民从事农耕，发展生产。汤灭葛的行动，在诸侯中不但没有人反对，还指责葛伯不仁，被杀是咎由自取。有的诸侯、方国的人民怨恨夏桀的暴虐，还盼望商汤前去讨伐，而且表示愿意从夏的统治下解脱出来，归顺商汤。商汤对归顺的诸侯、方国都分别授以玉珠做冕冠的玉串和玉圭，显然是居于一个盟主的地位，行使国王的权力。这样，商汤从伐葛国开始，逐步剪除夏的羽翼，削弱夏桀的势力。所以有"十一征而天下无敌"之说。

诸侯归顺商汤。夏内部矛盾不断激化，伊尹向汤出谋，由他亲自去夏王都住一段时间，观察夏的动静。汤就准备了方物（土特产）贡品，派伊尹为使臣，去夏王都朝贡。伊尹带着随从，驾着马车驮着方物、贡品来到夏王都，但是夏桀不在王都理朝，而在河南的离宫里寻欢作乐。伊尹只得又往离宫来朝见夏桀。夏桀见了伊尹后，

只问了问商侯为什么要灭葛国，伊尹把过程说了一下，夏桀只得点点头，不再说什么。伊尹又奏道："商侯派臣下来贡职，不知大王有何差遣。"夏桀不在意地说："你先回王都住下吧！有事时再传你。"就这样，伊尹在夏王都住了三年，而夏桀整天只知饮酒作乐，对朝政弃之不理。

夏桀得知汤还在继续征服诸侯，扩大商的势力，便派使臣至商召汤入朝。汤到夏都，夏桀下令将汤囚禁起来。伊尹等人搜集了许多珍宝、玩器和美女献给夏桀，请求释放商汤。夏桀是个贪财好色之徒，看到商送来的珍宝和美女，非常高兴，也就下令释放汤回商。夏桀囚汤之事，在诸侯、方国中引起恐慌，许多诸侯是夏的属国，这时纷纷投奔商。夏桀囚汤不但没有达到惩罚的目的，反而加速了其统治基础的瓦解，更加削弱它的力量。后来，为了试探夏的虚实，商在伊尹的建议下停止对夏进贡，夏桀果然大怒，命令九夷攻打商汤。伊尹一看夷族还服从夏桀的指挥，赶快向夏桀请罪，恢复了进贡。

四 商汤灭夏

商汤在政治、军事上的成功是有战争策略的，不是急于求成，他用了十一年的时间作准备，最后一战，在鸣条（今山西运城安邑镇北）之战消灭了敌人。"鸣条之战"是我国军事历史上极其辉煌的一次战争，对后世军事理论产生过深远的影响。"鸣条之战"策划的步骤如下：

先掌握敌情。俗话说，知己知彼，百战不殆。为了了解夏桀内部情况，商汤派遣伊尹多次打入夏桀内部，掌握了夏王朝"上下相疾，民心积怨"的混乱状况，其朝廷内部、夏与属国之间皆矛盾重重。一年后，九夷中一些部落忍受不了夏朝的压榨勒索，逐渐叛离夏朝。了解敌情后，以便有针对性地制定和实施自己的战略方针。

先弱后强、由近及远。按着弱强近远顺序，铲除夏桀的羽翼，实现对其战略包围。夏朝虽然衰败，但其总体力量仍大于商部落。此时不能正面进攻，应采取先打弱敌，并由近及远的策略使其孤立无援，为最后决战创造条件。汤把第一个打击目标指向夏的属国葛及十多个小国部落。汤以为儿童复仇的名义起兵灭葛。继而又集中兵力，逐次灭亡了韦（今河南滑县东南）、顾（今河南范县东南），并攻灭夏桀最后一个支柱，即实力较强的昆吾（今河南许昌东）。于是商汤完成了对夏桀的战略包围，打通了最后灭夏的道路。

正确选择和把握决战时机。在完成对夏桀的战略包围后，商汤对最后决战仍持慎重的态度。几经试探和权衡才作出决定，最后还利用有缗（mín）氏对夏的反抗，在鸣条之野一举灭夏。经过这次战争，汤已无敌于天下。最后。夏桀逃到南巢（今安徽巢县西南），汤追到那里，把桀流放在南巢，一直到死。

由于商汤以武力灭夏，打破了国王永袭的做法，从此，中国历代王朝，皆如此更迭。商汤灭夏，史称"商汤革命"。《易·革·象辞》中有"汤武革命，顺乎天而应乎人"的名言。

汤建立商朝后，对内减轻征赋，鼓励生产，安抚民心，成为黄

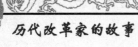

河流域主要的统治者，其影响远至黄河上游的氐、羌部。部落皆来纳税归服。商汤"革命"是政治上进步之举，其政治、军事措施皆是巨大的改革。商朝社会稳定，经济、文化都有很大发展，甲骨文字从出现到成熟，体现商文化的繁荣。青铜冶炼技术的进步给商朝带来五百年的繁荣。

商汤逝世后，伊尹继续辅佐外丙、中任治理国家。中任死，商汤的孙子太甲即位，三年不遵汤法，暴虐乱德。伊尹把太甲放逐到桐宫，自摄政，以朝诸侯。帝太甲在桐宫住了三年后，悔过自责、反善，于是伊尹把太甲迎接回来，还政于他，自己告老还乡。

春秋时郑国改革家子产

公元前857—前842年西周时期，周宣王统治时，他励精图治，立志中兴，从家族中选拔能助其中兴的人才，看中了姬友，把姬友封到王畿之地陕西咸林为郑伯（三等诸侯国），这是西周王朝最后一次分封的诸侯国，自此始有了郑国。

一 郑国简史

郑桓公姬友受封后，治理郑国43年，把郑国治理得井井有条，显示了他的治国才能。到公元前701年郑庄公去世，是郑国极盛时期。此后27年间，郑国发生了四位公子争夺王位的内讧，最后郑厉公复国自己独立执政，至此郑国四公子夺权之争才平息下来。经过70多年，郑文公执政，其时宋鲁日衰，齐晋秦楚新兴，郑国处王畿之地，是列强争夺的焦点地区。因为郑文公能正确处理同各国的

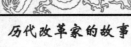

关系，或把盟，或会盟，都从本国的安全与稳定出发，换来了郑国的和平发展。加之迁都新政和整顿内部的重大举措都正确，郑国能在大国争霸的夹缝中生存下来，确实不易。郑文公执政45年，尊周王，睦邻邦，宽下民，赢得了郑国前所未有的稳定与发展，对郑国延续400多年的基业做出重大贡献。

二　子产的生平

子产（公元前584—前522年）姓公孙，字子产，名侨。是郑穆公之孙，公子发子国之子，春秋时期郑国人。周朝时代，他属于士大夫阶层。在公、侯、伯、子、男等级制度中，他的地位不算高，属子爵辈，但其名声却很大。子产少年时代，勤奋好学，博学多才，被人称为"博物君子"。青年时期，就显露出了政治上的卓识远见。

子产的卓识远见

公元前565年，郑国司马子国战胜了蔡国，把蔡国的主帅也俘

子产

了回来，郑人欢天喜地都在庆祝，子国更是兴高采烈。而16岁的子产却冷静地说，小国没有把国家内政搞好，却参加对外战争，一定埋下祸种。这将导致楚国来攻和晋国反击，而使夹在中间的郑国，饱受战祸。此后至少有四五年郑国不得安宁了！子国斥道："国家大事有正卿做主，小孩胡说，要被砍头的！"正

卿有什么能力做主？不到一年，楚、晋的兵接连来干扰郑国，验证了那位小预言家的话。他生长在贵族家庭里，从小受到良好的诗礼教育，在他所论的侵蔡事件中，就可看出他虽是个孩子，就已有这样高明的政治见识了。

机智勇敢平定暴乱

公元前 563 年，正值子驷当政，郑国发生一起重大的政治暴乱。子国和正卿被一群叛徒在朝廷中杀死，暴徒们已挟着郑简公跑入北宫。臣属和奴婢们已大多走散了，家中的东西也损失了不少。而这时，子产并没有因此感到慌乱。他先是派人把守门口，聚齐家臣属吏，督促他们封闭府库，布置防守；然后领着十七乘的兵车，列着队伍出发；吊唁了死者，就去攻打暴徒。别的贵族闻风来帮助，把暴徒们通通杀死。从此以后，郑国的卿大夫们对这位公孙侨刮目相看。当时的公孙侨只有 22 岁，他凭借自己的机智勇敢，组织国人，抵抗暴徒，平定了暴乱，这足以表现出他临危不惧的机智勇敢和应对敌人的能力。命运把这个众望所归的子产，推到权力的高位。他从政以后，在外交和内政方面的政策，闪耀着政治家所具有的雄才、方略思想的光辉。

三　外交建议

要求大国重视小国

公元前 551 年，晋国以盟主身份命令郑国往晋国朝聘。晋国人责问郑国为何靠近楚国，子产首先委婉地历数了晋悼公以来，郑晋

的友好关系。指出郑国有时不能不"有贰于楚"，那也是因为晋国没有尽到保护小国的责任。然后又软中带硬地说：你们大国如果能够安定小国，那小国自然会朝夕去朝见晋廷，还用得着下命令吗？如果不考虑安抚小国的祸患，总以征收朝贡为借口，索受货贿，小国恐怕不但不能忍受，可能要变成仇敌了。这是我们经常忧虑的事情，哪敢忘记贵君的命令？晋侯听了这些话，自知理屈，再也不责备郑国了。

要求大国减轻诸侯的贡品

公元前 549 年，子产寄信给晋范宣子，劝盟主减轻对小国纳币的负担。信中内容如下：您治理晋国，四邻的诸侯听不到美德，反而只听到沉重的贡品，侨（子产）对此感到迷惑。侨听说君子领导国家和家族的（政事），不是在于没有财礼的忧患，而是在于没有美好名声的忧患。诸侯的财礼聚集在国君手中，诸侯内部就会离心离德；如果您把这些财礼，作为私人利益，晋国内部就会离心离德。诸侯离心离德，晋国就会受到损害；晋国内部离心离德，您的家族就会受到损害。为什么那样糊涂呢？又哪里用得着财礼？美好的名声是装载德行的车子。德行是国家的基础，有基础就不会毁坏，您不也应该致力于它吗？有了德行就能和乐，和乐就能长久。《诗》说："和乐啊君子，是国和家的基石。"这就是有美德吧！"上帝监视着你们，你们不要有二心。"这就是有好名声吧！用宽厚的心来发扬德行，那么就可以装在好名声的车子上向前行进。由此外方的人来到，近处的人安心。您宁肯让人对您说"您确实养活了我"，还是说"您榨取我来养活自己"呢？大象有象牙而毁掉了自己，这是由于（象牙）值钱的缘故。范宣子看信后，很受感动，便减轻了诸侯朝聘的贡品。

四 政治改革措施

子产是在内忧外患的情况下执政的，当时晋楚争霸，郑国介于两大国之间，随时有被侵袭的危险；国内政局动荡，强宗公族明争暗斗，随时可能发生变乱。面对这个严峻的形势，子产一上任，立即采取了一系列富国强兵的改革措施。

宽猛相济

宽猛相济是子产治国的重要方略之一，是指有大略者不嫌它的短处，有厚德者不非难它的小毛病。既维护大多数强宗公族的利益，以稳定政局；又强行改革，限制贵族特权。对个别贪暴过度者坚决惩处，即主张乱世施猛政。对自认为有利于国家改革的建议，不顾舆论反对，强制推行。他对子太叔说：你一定会执掌政权，只有对有德行的人才能用宽和的办法来治理百姓，次一等的人则用严厉的办法治理。火猛烈，百姓看到后会害怕，所以很少有人死于火；水和缓，百姓看到它会起轻慢之心，想要玩弄它，于是很多人死于水，所以用宽和的办法治理百姓很困难。太叔执政不忍心用严厉的政策，而用宽政治理百姓，于是郑国出现很多盗贼，他们聚集在萑（huán）苻湖沼里，子太叔非常后悔，早听子产的话，也不会到今天的地步。于是组织步兵攻打萑苻里的盗贼，将他们全部杀死，盗

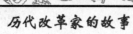

贼才逐渐减少。

广开言路

允许国人议政，郑国国内有许多乡校，郑国人经常在闲暇时到乡校里，谈谈国家大事，谈谈朝廷在哪一方面的得失情况。有些官员觉得这样会扰乱民心，影响国家一些政策的实施。于是上奏要求拆掉乡校。大臣们以为子产肯定会同意。不料一提出这事，子产非但不同意，还问，为什么把它拆掉呢？他说，那里就像一个考场，人们说的都是一些事实，能让我们更好地了解民意，深入民心。人们到那里相聚游玩，议论执政的好坏，他们认为好的，我们就推行，他们所讨厌的，我们就改正，它是我们的老师，为什么要毁掉它？我听说尽量做好事，可以减少怨言，没听说依仗权威能防止怨言。靠权威制止议论不难，但那就像堵塞河流一样，一旦洪水大决口，伤害的人必然更多。到那时，即使我们有再大的能力也无法挽救。不如开个小口子加以疏导，听取他们的议论，并把它当作治病的良药，大臣们听后皆心悦诚服。

知人善任

注意搜罗人才，用其所长。子产认为，不能以个人恩怨用人，要以多数人的利益选人；任用忠实诚信、有德有才的贤人；抑制无才无德的庸人，才会提高朝廷的威望，百姓才会信服。

五　经济改革措施

主要分为子产的经济改革措施"作封洫"、"作丘赋"、"铸刑鼎"。

"作封洫"

即对田间水道、沟渠、（田洫）划分疆界。春秋以后，许多贵族"占田过制"，不但原来的公田被他们占领了，就连百姓的私田也被他们慢慢掠夺了。贵族占田过多，必须改革田制，丈量土地，划分疆界，编制田亩，沟通水利渠道。承认土地私有权，并对私田实行征税。

"作丘赋"

按田亩征税，服兵役，以此充实国库，增强军备，强化中央集权，以增强国防实力。这可以说是"作封洫"的配套政策。因为改革后，旧的井田制瓦解了，军赋形式自然也要改，即按田亩服兵役。

"铸刑鼎"

就是把郑国改革后，建立起来的新制度，用法律条文形式记录下来，公布于众，让人们遵守，以限制强宗贵族的特权和不法行为，保护庶民百姓的利益，使国家走上政通人和的发展轨道。而且承认个体农民作甲士（披甲的战士）的资格，打破以往甲士身份的限制，提高农民的地位和自信心。有的农民成为甲士后，因功被提升为军官。

六　改革的成就

甘冒政治风险

在当时，子产推行这样一些改革措施，是冒很大政治风险的。因为这么做，不仅会遭到上层贵族的强烈抵制，一些下层庶民中的

反对之声也不绝于耳。例如"作封洫"必定会让那些贵族失去很多利益，在改革期间就有流言，"取我衣冠而褚之，取我田畴而伍之，孰杀子产？吾其与之！"三年后，大概是因为生产发展了，土地不均的现象停止了。他们就对子产的改革表示拥护，有人诵说："我有子弟，子产诲之；我有田畴，子产殖之，子产而死，谁其嗣之？"同样的"作丘赋"，在刚开始实行时，也受到一些人的攻击。有人恶意诽谤子产说："其父死于路，已为虿（chài）尾；以令于国，国将若之何？""铸刑鼎"更是引起上层贵族的反对，甚至贤名远播的晋国大夫叔向也致信子产以非之。此时的子产非常痛苦，面对如此流言和压力，他依然坚持自己的想法。他大义凛然地说："何害？苟利社稷，死生以之。且吾闻为善者，不改其度，故能有济也。民不可逞，度不可改……吾不迁矣。"国家不是一个人的，而是天下人的，治国必须照顾多数人的愿望和要求，一意孤行则不能成功，甚至造成更大更严重的后果。当时许多人就是被子产的这种为国家利益而置个人生死安危于度外的坚强意志感动了，使子产这次改革成功地得以实施，并且取得了显著的功效。

郑国由弱变强

从这些改革看来，说明子产是一位务实的政治家。《史记·循吏列传》中对子产的这一政绩评价极高："为相一年竖子不戏狎（xiá），斑白不提挈（qiè），僮子不犁畔；二年市不豫贾；三年门不夜关，道不拾遗；四年田器不归；五年士无尺籍，丧期不令而治。"许多有关他的资料都能证实，子产执政期间，郑国逐渐由弱变强，人民安居乐业，社会秩序井然。

国人对子产的怀念

国人起初对子产的不满和诅咒变为"我有子弟，子产教诲；我有田畴，子产栽培；子产死了，谁来继承"的热情颂扬。他的执政经验一直为后人所借鉴，并深深影响后人。他死时，郑国人悲痛至极，都说："子产离开我们，叫我们去依靠谁呢？"孔子也流着眼泪说："子产，古之遗爱也。"

魏国改革家李悝

战国时期，魏国是战国七雄之一。魏国前期定都安邑（今山西夏县），后期迁到大梁（今河南开封）。公元前403年，周威烈王册封魏文侯为王，至公元前225年魏国为秦国所灭，称霸179年。其领土包括今山西南部、河南北部和陕西及河北部分地区。当时魏国西临秦国，东与齐、宋相邻，南面与楚国接壤，北面是赵国。

一 魏国简史

春秋中期以后，各国经过激烈的兼并战争，只剩下赵、魏、韩、范、智、中山六家，称为六卿。后范氏、中山氏被灭，晋国只剩下智、赵、韩、魏四大卿，其中智氏最强。十余家卿大夫控制了晋国政治后，智氏向韩、魏索得土地，在向赵襄子索地时遭拒绝。智氏于公元前 455 年攻打赵氏，并胁迫韩、魏两家出兵，赵襄子退居晋阳固守。智伯围晋阳两年而攻不下，便引晋水淹灌晋阳城。危急中赵襄子派张孟谈说服韩、魏两家倒戈，放水倒灌智伯军营，大破智伯军，此为"晋阳之战"。"晋阳之战"后，公元前 438 年晋襄公死，晋幽公即位，韩、赵、魏瓜分晋国，公元前 376 年韩、赵、魏取代晋国。史称"三国分晋"，晋国灭亡。

魏国之所以能称霸百年，其主要原因是：首先，三分晋国后，魏国分到晋国的土地，且又地处中原，物华天宝，人才济济。中原地区开发较早，生产力先进，人口众多，土地肥沃，物产丰富。交通便利，商业繁荣。制作业发达，铁器推广。其次，军事方面，任用吴起进行军事改革。建立了精锐"武卒"为核心的常备军，兵器以铁兵器代替青铜兵器，军事实力雄厚，战斗力强。再次，魏国最先任用李悝变法，魏国很快强大起来，威慑四方。

由于军事力量强大，把魏国变成中原各国的文化中心。同时任用贤能，如任用名将乐羊攻打中山国，又让能力超群的太子来治理中山国。魏文侯任命李悝为中山相，在乐羊、李悝的努力下，古老的中山国稳定了。到魏武侯时，魏国势力达到顶峰。魏国任用李悝为相，经过变法，富国强兵，攻取秦国西河（今黄河与洛水间）五城。公元前 354 年，魏国派大将庞涓率 8 万精兵，进攻赵国都城邯郸（今河北邯郸），赵国苦战一年，急忙向齐国求救。齐威王命田忌为主将，孙膑为军师，率 8 万兵去救赵。齐国救了赵，又对魏国以沉重的打击。"马陵之战"后，齐兵歼灭 10 万魏军，魏军从此一蹶

不振。秦国强大后，又收回西河地区，魏国日渐衰落。

二 李悝及其法家思想

李悝（公元前 455—前 395 年）赢姓，李氏，名悝（kuī），濮阳人。战国初期魏国人，曾受业于子夏弟子曾申门下，作过中山相和上地（河西）守。李悝经常与秦人交锋作战。文侯时魏国能走上富强之路，李悝曾作出很大贡献。李悝是著名的政治家、改革家，法家代表人物。魏国是战国时期最早改革的诸侯国，李悝变法拉开了战国时代群雄逐鹿的序幕。李悝用它的变法，将中国由春秋时代推进到战国时代。

李悝登上政治舞台都是靠自身奋斗实现的，而不是靠世袭传承。有两个关键人物决定了他从政的道路，即子夏和魏文侯。子夏是孔子的弟子，李悝拜他为师，开始时，接受的是儒家思想，后又有变化。孔子强调"克己复礼"，要恢复西周时的等级秩序，要求君子"温文尔雅"、"坦荡荡的"。而子夏则是孔子弟子中的一个异端。他认为君子应该懂权术，作为君王就更要懂得用权之术。这种思想对李悝影响很大，他逐渐意识到"法"比"礼"更重要，应该建立一套行之有效的法则，来为统治者服务。由此可见，法家思想一定程度上是从儒家思想脱胎而来。魏文侯是魏国的建立者，他是一位雄才大略的君主，善于延纳各类人才为其所用，李悝得到魏文侯的赏识，任命他为相并主持变法。

三　李悝的变法主张

废除奴隶主世袭制

政治上，改变旧的"世卿世禄"制度。即废除奴隶主世袭制。爵位世袭制发展到封建私有制时代，已经日益显现出它的严重弊端。这些贵族们，长期养尊处优，骄奢淫逸。他们居官不谋官事，为国不念国政，不仅不能为国家带来功劳，还要消耗大量国家财富，妨碍一大批有志之士渴望建功立业的途径。因此，李悝实施的变法包括：对国家无用且有害的特权阶层的人物，赶出政治舞台；对出身一般地主阶级的人，因有战功或有其他才能的，国家允许他们跻身于政界。改变了官吏选拔制度后，根据功劳和能力任职，这实际开创了地主阶级对奴隶主贵族的斗争，为以后封建制代替奴隶制开辟了道路。

发展封建小农经济

由于生产力的提高，牛耕法和铁制农具的普遍使用，生产水平大大提高。奴隶主能够调动富余劳动力，在公有制的"井田"之外，开垦荒地，从而使得"私田"大量增加。虽然"井田"名义上不得买卖，但诸侯贵族之间，通过相互转让、相互劫掠等各种途径，又将许多公田转化为"私田"。"井田"制的瓦解直接影响到了各诸侯国财政收入。在那个弱肉强食的时代，各诸侯国的军费又是有增无减，统治者不得不想方设法开辟新的财源。这就等于承认了土地私有，按土地面积征税成为大势所趋。

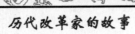

实行"尽地力"和"平籴（dí）法"

"尽地力"是一种"重农政策"。规定每亩地的标准产量为一石五斗，要求农民勤于治田，达到每亩增产三斗。同时杂种各种粮食作物，并充分利用空闲土地，种树种桑，多种瓜果蔬菜，提高农作物产量，以增加封建政府的田租收入。"平籴法"即督促农民勤劳耕作，增加产量。国家在丰收时平价收购粮食，储存起来，发生饥荒时，再平价卖给农民，取有余以补不足，以防谷物甚贵而扰民，或谷物甚贱而伤民。此法的实行，极大促进了魏国的农业生产的发展，使魏国富强起来。国家应当兼顾士人和农民双方的利益，考虑小农生活贫困和不安心务农，针对此情况，将丰年分成大熟、中熟、小熟三个等级，按比例向农民籴粮。把荒年也分成大饥、中饥、小饥。在大饥之中，把大熟之年所籴的粮食发放给农民，其余则以此类推。这样可使饥年的粮食价格不致猛涨，农民也不会因此而逃亡或流浪。这就有力地限制了商人投机倒卖粮食的活动，从而巩固了地主阶级的经济利益，封建制的生产关系逐渐建立起来。

编著《法经》

李悝不断广泛收集春秋以来各国法律条文，在这个基础上编著了我国历史上第一部封建法典《法经》，用法律巩固变法的成果。李悝认为"王者之政，莫急于盗、贼"，故将《法经》律始于《盗法》、《贼法》。这两篇主要是防范对封建私有财产的侵犯，镇压破坏封建秩序的行为，以保护地主阶级的私有制度，维护国家政权。《法经》共六篇，汇集各国法律。《盗法》是指侵犯财产的犯罪活动。《贼法》

是对有关杀人、伤人罪的处治条文。《囚法》讲的是"断狱"，及审断罪案的法律。《捕法》是有关"捕亡"，及追捕逃亡的法律。《杂律》包括对轻狡、越城、博戏、借假、不廉、淫侈、逾制等违法行为的惩罚。《具律》是"以其律具加减"即根据犯罪情节等特殊情况对判罪定罪加重或减轻的法律。《法经》用法律形式把封建地主阶级的利益确定下来，成为以后封建立法的蓝本。

四　变法的意义

李悝变法的意义在于：

废除奴隶主世袭制，为封建制代替奴隶制开辟道路。

尽地力，实施重农政策，增加封建政权的田亩收入；平籴法，取有余补不足，这是关心民众的疾苦、安定社会，以使国家富强的良策。

李悝作《法经》六篇，是一部保护封建制度的法典，这部《法典》不仅集以前各国法律之大成，而且是秦汉法典的张本。

改革动摇奴隶主政权的上层建筑，无疑需要巨大的勇气和智慧。李悝被列为战国时代法家的始祖。

齐国改革家管仲

周武王建立周朝后，经过姜太公、周公辅政，迎来成康之治，又有善于农耕的传统，政治、经济、文化空前繁荣，疆域、人口有所扩大，周朝的实力达到鼎盛时期。周朝经过八百年的统治，到周平王时国力衰败。

一　齐国简史

公元前 770 年周平王东迁，此时周朝分为两部分：西周和东周。西周国都在镐京，东周国都在洛邑（今河南洛阳）。东周即春秋（公元前 770 年—前 476 年），历史进入春秋时期。周天子虽是名义上的皇帝，实际已无力管理天下，诸侯们不服周的管理。文王时封的一百多个诸侯，到战国时还有几十个，因战争被吞并或灭亡。

齐国从姜太公始到被秦国灭亡止，其历史之长超过了周朝。齐国（公元前1046—前221年），历经825年的统治。姜太公被封到齐国，是齐国第一代君主，继续贯彻他的军事、经济、政治谋略思想，为齐国的富强打下稳固的基础。齐国在战国中期，招聚天下贤士，到齐威王、宣王时，稷下人才济济，成为东方学术文化中心。齐威王任用邹忌为相改革政治，国家保持强盛的地位。公元前353年，齐大败魏军于桂陵。公元前341年齐又大败魏军于马陵。公元前334年，齐威王与魏惠王"会徐州相王"，正式称王。战国晚期，齐仍保持强盛地位。公元前301年，齐联合韩、魏攻楚大败之。公元前298—前296年，齐联合韩、魏攻秦，入函谷关迫秦求和。公元前288年，齐、秦并称东、西帝。但齐在东方与燕双方交战相持五年，后齐用"火牛阵"大败燕军。齐虽胜但元气大伤，无力与秦国抗衡。在秦攻打其他五国时，齐国坐视不理，甚至还帮秦国。等到秦灭六国时，齐悔之晚矣。

齐国不仅军事力量强大，而且经济上也是富有的。农业、手工业、工商业、对外贸易均有极大的发展。早在"丝绸之路"开通之前，齐国已经开辟了东方海上"丝绸之路"。东方海上"丝绸之路"开辟于战国时的齐国，发展于秦汉，盛行于唐宋，繁荣于明清。正因齐国的政治、经济、军事实力强，使齐国成为春秋五霸之首，战国七雄之一。战国时期为富国强兵争雄称霸，各国出现许多改革家。齐国齐桓公时，任用管仲为相进行改革。

二 管仲的生平

管仲（约公元前 723 或前 716—前 645 年），汉族人，名夷吾，又名敬仲，字仲，颍上（今安徽颍上）人。少年丧父，剩下老母。生活贫困，过早挑起养家重担。为维持生活，管仲与鲍叔牙合伙经商。后从军，几经周折到了齐国。经鲍叔牙推荐，为齐国上卿（丞相），被称为"春秋第一相"，辅佐齐桓公治理国政。管仲的名言是"治国之道，必先富民"。经过管仲的改革，齐国成为春秋时期第一霸主。

公元前 674 年，齐僖公驾崩，留下三个儿子，太子诸儿、公子纠和小白。齐僖公死后，太子诸儿即位，是为齐襄公。太子诸儿虽然居长即位，但品质恶劣，齐国前途令国中老臣担忧。当时管仲和鲍叔牙分别辅佐公子纠和公子小白。不久齐襄公与其妹鲁桓公的夫人文姜密谋私通，醉杀了鲁桓公。对此，具有政治远见的管仲和鲍叔牙都预感到齐国将会发生大乱。所以他们都替自己的主子想方设法找出路。公子纠的母亲是鲁君的女儿，因此管仲和召忽就保护公子纠逃到鲁国避难。公子小白的母亲是卫君的女儿，卫国离鲁国太远，所以鲍叔牙就同小白跑到齐国的南部莒国去躲避。齐襄公十二年（前 686 年），齐国内乱终于

管仲

爆发。齐襄公叔伯兄弟公孙无知因齐襄公即位后，废除了他原来享有的特殊权利而恼怒，勾结大夫闯入宫中，杀了齐襄公自立为国君。公孙无知在位仅一年有余，齐国贵族又杀了公孙无知，一时齐国无君，一片混乱。两个逃亡在外的公子，一见时机成熟，都想方设法回国，以便夺取国君的宝座。公子小白和鲍叔牙仔细分析国内形势，然后向莒国借了兵车，日夜兼程回国。鲁庄公知道齐国无君后，也万分焦急，立即派兵护送公子纠回国。后来发现公子小白已经先出发回国，管仲于是自请先行，亲率30乘兵车到莒国通往齐国的路上去截击公子小白。等公子小白车马走近，管仲就操起箭来对准射去，公子小白应声倒下。管仲见小白已射死，就率领人马回去。其实公子小白没有死，管仲一箭射中他的铜制衣带勾上，公子小白急中生智装死倒下。公子小白与鲍叔牙接着飞速向齐国挺进。进入都城后，公子小白顺利地登上君位，这就是历史上有名的齐桓公。齐桓公即位后，急需找到有大才的人来辅佐，因此就准备请鲍叔牙来任齐相。鲍叔牙诚恳地对齐桓公推荐管仲，劝说齐桓公释掉旧怒，化仇为友，并指出当时管仲射国君，是因为公子纠命令他干的，现在如果赦免其罪而委以重任，他一定会像忠于公子纠一样为齐国效忠。经过一番曲折，齐桓公选择吉祥日子，以非常隆重的礼节迎接管仲。管仲向齐王桓公系统地论述了治国称霸之道，齐桓公的全部问题都迎刃而解，不久即拜管仲为相，主持政事。为表示对管仲的尊崇，称管仲为仲父，授权让他主持一系列政治和经济改革。

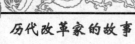

三　对国政各方面的改革

管仲青年时期超凡脱俗，总想干一番轰轰烈烈的大事业，但家境贫困，谋生坎坷，逆境又使管仲具有坚韧不拔的进取精神。同时，乱世的纷争和时局的动荡，锻炼并铸就了管仲明察世态、洞悉时局的能力。其改革如下：

划分和整顿行政机构

把全国划分为六个工商乡（见经济方面）和十五个士乡，共二十一个乡。十五个士乡是齐国的重要兵源。齐桓公自己管理五个乡，上卿国子和高子各管五个乡。把国家行政机构分为三个部门，制订三官制度，官吏有三审。建立选拔人才制度，士经过三审选，可为"上卿之赞"（助理）。在郊外，三十家为一邑，每邑设一司官。十邑为一卒，每卒设一卒师。十卒为一乡，每乡设一乡师。三乡为一县，每县设一县司。十县为一属，每属设大夫。全国共有五属，设五大夫。每年初由五属大夫，把属内情况向齐桓公汇报，督察其功过，全国形成统一的整体。

寓兵于农

规定国都中，五家为一轨，设一轨长。十轨为一里，每里设里有司。四里为一连，设一连长。十连为一乡，每乡设一乡良人，主管乡的军令。这是一种社会与军事相结合的战斗体制，亦为后来大规模的战争作了准备。

实行统治盐铁的政策

《国语·齐语》说："遂滋民与无财"办法是"轻重鱼盐之利，

以赡贫穷"(《史记·齐太公世家》)，或言"通轻重之权，徼山海之业"。以至通货积财，富国强兵。

实行粮食"准平"的政策

按土地分等征税，禁止贵族掠夺私产。即"民有余则轻之，故人君敛之以轻；民不足则重之，故人君散之以重。凡轻重敛散之以时，即准平……故大贾畜家不得豪夺吾民矣"(《汉书·食货志》下)。这种"准平"制，是一种平衡粮价的政策。

重视工商业

由于国家铸造货币，可调节物价，促进商品流通，鼓励齐国人到其他国家从事贸易。也为到齐国来的各国商人提供优惠的具体政策。于是"天下之商贾归齐若流水"。

尊王攘夷

尊王就是尊重周天子，管仲认为齐国再强，还是个诸侯。夷是指非华夏地区，华夏即中原，今山东、山西、河南、河北，还有安徽、湖北。攘夷，夷指东夷、西戎、北狄、南蛮，总称为夷。周边一些少数民族，经常来侵略中原。攘夷，一方面抵抗外族侵略，另一方面排斥非华夏文明。当山戎族来犯时，齐联合北方邻国抵抗山戎族南侵。这一外交战略也获得成功。后来，孔子感叹说："假如没有管仲，我也要穿异族服装了。"

公元前661年，北方狄攻打邢国，次年狄又消灭了卫国。管仲督促齐桓公多多参与国际活动。齐桓公不听，认为这不关齐国的事。管仲批评齐桓公说，齐国周边的战争不断，其实已经威胁我们了，

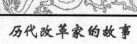

这是痛心的事。齐桓公马上振作起来，以武力对外干预，收到很好的效果。

提高国际地位

公元前 651 年，周惠王去世。齐桓公做主，拥立太子郑即位，后来太子郑（周襄王）很感激。齐桓公抓住这件事，搞所谓挟天子以令诸侯，维护周朝的宗法制度。周朝礼仪制度比较健全，有自己的官制、兵制、刑法、地制及礼制。春秋时，孔子还在崇尚《周礼》，说明《周礼》对后代影响很大。齐桓公维护周朝的宗法制度，其他诸侯只有服从没有怨言。齐国的国际地位大大提高了。

四 管仲改革的意义重大

管仲的粮食政策，均衡粮价，抑富济贫；工商业政策，把周边的财富都集中到齐国，不是通过战争，而是用经济手段，达到富民强国的目的，是难能可贵的。管仲深谋远虑，以政治目的为先导，以军事力量为后盾，以外交活动为契机，帮助齐桓公争取诸侯，以对齐国的支持和服从，奠定齐国的国际地位。

管仲不仅建立了彪炳史册的功勋，还留下了一部以他的名字命名的巨著——《管子》。该书是他死后，由学生和后辈们根据他的思想和实践整理而成的。《管子》一书的核心内容是经济问题，是一部古代的经济学全书。

管仲改革的实质是废除奴隶制，向封建制过渡。管仲在两千多年前，提出这样的改革措施，足以说明他是位伟大的政治家、改革家。

秦国改革家商鞅

春秋战国时期，是奴隶制崩溃、封建制确立，社会大变动的时期。由于生产力的发展，改变不适合生产力发展的一切旧的上层建筑是历史发展的必然趋势。在这个动荡的时代里，商鞅作为新兴地主阶级的代表，敢于同旧的传统势力斗争，积极投入这场建立封建制的改革运动中，并使封建制在秦国建立，这是商鞅变法的成功所在。

一 商鞅的生平

商鞅（公元前390—前338年），姓公孙，名鞅，因封在商，称商鞅，原封在卫国，也叫卫鞅。商鞅的祖先可以上溯到周武王的弟弟康叔，康叔被周武王分封到朝歌之地，建立了卫国。卫国在春秋时期，还有一定的实力，后因大国争霸越来越衰弱，到战国时已沦

商鞅

为魏国的附庸了。公孙鞅就生活在这样一个日渐衰败的王族中。他不是嫡长子，只能以公子的身份生活在魏人与卫人的夹缝里。国运的衰微与家道的沦落，使他在少年时代便胸怀大志而发愤读书。公孙鞅从小就受法家思想影响。魏国从魏文侯到魏惠王时一直是个军事强国。周显王四年（公元前365年）商鞅到了魏国国都安邑（今山西北禹王城），在魏国被认为年轻而有作为、有奇才。魏国实权掌握在公孙痤手里，商鞅先拜在公孙痤门下担任中庶子。公孙痤逐渐了解了商鞅的才华，但还未来得及向魏王推荐就得了重病。魏惠王担心公孙痤倘有不测，国家怎么办？公孙痤也考虑到这一点，对魏惠王说："我门下有个商鞅，虽然年轻，却有奇才，大王可把国政托付给他，由他去治理。"魏王认为一个无名小辈不可能治理国政，公孙痤看出魏王不想任用商鞅，便说："大王假如不任用商鞅，就一定要杀掉他，不要让他走出国境。"魏惠王不明白，一会儿任用，一会儿又要杀他，认为公孙痤病糊涂了。后来，既未任用，也未杀他。公元前361年，在魏国久未见擢的公孙鞅，离开自己生活多年的桑梓之邦，带着自己经常研读的《法经》赴秦国去了。此时的秦国，献公刚刚去世，新即位的孝公年轻气盛，他目睹一些重臣权贵，终日声色犬马无所事事。自己的父亲尝试着进行了一些变革，但还是没有能彻底改变贫穷积弱的状况，在争霸的形势下，魏、赵、楚等国又一个个虎视眈眈。自己的先祖不也曾立过撼世的霸业吗？今日的秦国为什么不能恢复穆公时期那种称霸西戎、一匡诸侯的气势呢？这位新即位的国君感到再也不能坐视这种局面，人才乃强国之要，于是孝公下了一道求贤令，广招天下的贤士英才。公孙鞅就是在这种形势下来到秦国的。在秦孝公招募贤能时，他来到秦国进行变法。

二　变法的历史背景

（1）封建制逐渐代替奴隶制。春秋战国之际是奴隶制崩溃、封建制度建立的社会大变动时期。由于生产力的发展，铁制农具和牛耕法的使用，使大量的荒地被开垦出来，一些奴隶主将新开垦的土地变成私田出租。奴隶制的土地国有制逐步被封建制土地私有制代替，出现了新的地主阶级和农民阶级。

（2）秦国落后于东方六国。秦国是很落后的国家，到春秋时才立国，又地处偏远的西陲，原为戎、狄少数民族居住地，尚保留落后民族的习俗。中原各国皆鄙视秦国，不让它参加"会盟"。秦国长期内乱，魏国乘虚而入，夺取肥沃的河西之地。秦国若不改变落后状态，则难以生存。周室衰微，诸侯之间不断发生吞并战争，争当霸主。秦孝公在位时政局不稳，社会经济落后于东方六大强国——

齐、楚、魏、燕、韩、赵。秦国"井田"制瓦解和土地私有制产生，都比各国晚。随着封建经济的发展，新兴地主阶级的经济和政治势力强大起来，为了发展封建经济，维护地主阶级的统治，他们在政治上要求改革。当时的形势，瞬息万变。魏国于公元前422年出现李悝变法，楚国于公元前403年有吴起变法，当别国大踏步前进时，秦国也要在短期内有强国之策。这就要与秦孝公统一思想，商鞅的想法正合孝公之意，两人"语数日不厌"。经过几天的长谈，孝公信任商鞅，实行变法，以图富强。公元前384年，秦孝公任命商鞅为左庶长进行变法。

（3）与旧势力甘龙、杜挚的辩论获胜。正准备变法时，遇到阻力，当时旧势力的代表甘龙、杜挚反对变法，强调用旧法治国，并说"官吏熟悉，人民习惯"，即"缘法而治者，吏习而民安"。杜挚甚至说："利不百，不变法，功不十，不易器。"面对这种情况，商鞅看清形势，针锋相对地指出：商汤、周武不循古法而兴盛，夏桀、殷纣不改变旧礼而灭亡。他的话，打动了秦孝公，因而商鞅的主张，得到他的肯定与支持。商鞅也因这次辩论，做到了变法前级别最高的舆论宣传。

（4）树立令出必信的威信。变法改革要取信于民，还要以法治为辅助。由于变法的受众是广大民众，取信于民有利于获得广泛的支持与信任。变法不是一朝一夕的事，要保持改革的顺利进行和改革取得成果，法治的确保是关键，人治只会带来人亡政息的后果。变法之初恐民不信，商鞅把一根三丈之木立在国都的南门，然后宣布能将此木搬到北门者赐 10 金。搬动一根木头何须如此重赏，人们自然不信。于是他又下令，将赏金加至 50 金。有人将信将疑将木头搬到北门，即赏 50 金，以示不欺。于是商鞅在人们心目中树立了令出必信、法出必行的印象。搬动一根木头并非难事，关键是从此树立了千金难买的威信。在准备工作考虑周全后，变法开始。

三　变法的内容

1. 经济措施

废井田，开阡陌

井田是奴隶主贵族受封的国有土地。阡陌是井田中纵横道路和封田的界限。纵为阡横为陌，就是把国有土地的阡陌和封疆去掉，把这些宽阔的阡陌铲平，也种上农作物。还把以前作为划分疆界用的土堆、荒地、树林、沟地也开垦出来。允许个人开荒，土地私有，可以自由买卖。赋税则按个人土地多少来交纳，此后，秦政府虽仍有一些土地，如无主荒地、山林川泽和新占他国土地等，但都陆续转为私有。这就破坏了奴隶制的生产关系，用封建制生产关系来代替。

重农抑商

奖励耕织，生产粮食和布帛多的可免除本人徭役和赋税。农业为"本业"，商业为"末业"，弃本求末或不务农业而贫穷者，全家罚为官奴，鼓励无地农民到秦国开荒，一户多子到成年分户，独立谋生，按户纳税，否则出几倍赋税。

统一度量衡

秦国度量衡标准不统一，为保证国家赋税收入和官员俸禄的统一，为了人们经济、文化交流活动的方便，更为了消除地方割据势力的影响，秦国统一了度量衡。要求秦国人必须执行，不得违犯。

2. 政治措施

为彻底废除旧的世卿世禄制，建立了封建专制主义中央集权制。

奖励军功，实行二十等爵制

国家爵位依军功授予。以军功大小定贵族身份的高低，授予爵位和田宅。宗室没有军功的不得列入公族簿籍。国家官吏，从有功爵的人中选用。二十级爵：一级曰公士，二级曰上造，第十九级曰关内侯，二十级曰彻侯。将卒在战斗中斩敌首级一个，授爵一级，可为五十五石之官，斩敌首二个授爵二级，可为百石之官。各级爵位均规定有占田宅、奴婢数量标准和衣服等级。制定二十级爵的做法，彻底废除了旧世卿世禄制。奴隶主之间不得因争夺土地、财产私斗，否则以情节轻重处以刑罚。由于推崇战功，秦国军队的战斗力大大增强。但也使旧贵族和保守势力对变法仇视积怨。

改革户籍制度

秦国的都、乡、邑、聚，原来都是自然形成的大小居民点，为了加强封建专制统治，管理广大居民，规定居民要登记人口户籍，违者处以刑罚。商鞅将魏国李悝的《法经》颁布实行。还增加了连坐法，主要内容是，居民以五家为"伍"、十家为"什"、将什、伍作为基层行政单位。按照编制登记并编入户籍，责令互相监督。一家有罪，九家必须连举告发。若不告发，则十家同罪连坐。不告奸者腰斩，告发奸人的与斩敌同赏，匿奸者与降敌同罚。规定旅店不能收留没有官府凭证者住宿，否则店主也要连坐。

设立郡县制

以县为地方行政单位，全国分三十一个县，废除分封制。县设县令以主县政，设县丞以辅佐县令，设县尉以掌管军事。县下辖若干都、乡、邑、聚。通过县的设置，把领主对领邑内的政治特权收归中央。该措施有力地配合了"废井田、开阡陌"政策，用政治手段保证了土地私有。巩固了中央集权的封建统治，削弱了贵族在地方的权力。后来秦在新占领地区设郡，郡的范围较大，郡的长官称郡守，有边防军官性质。待郡内形势稳定，转向以民政管理为主，郡下设若干县，形成郡县制。

四 商鞅变法的意义

废井田、开阡陌，鼓励私人开荒，奖励耕织等措施，适应新的生产力发展。废除了旧贵族的国有土地制度，以新的封建制生产关系来促进经济发展。

奖励军功，按军功授予爵位，官员从有军功者选拔，这就大大增强了军队的战斗力。秦国在对外战争中，不断取得胜利，从而扭转了长期被动的局面。秦国还用武力逐步占有了土地肥沃、农业发展水平较高的巴蜀地区和盛产牛马的西北地区，社会生产得到迅速发展，为秦国统一奠定了物质基础。

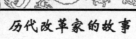

统一度量衡打破了旧贵族割据地盘使用不规范的度量衡，为秦国统一六国打下基础。建立郡县制，把旧贵族对领邑内的统治特权收归中央，加强了中央集权统治。

商鞅在秦国推行变法十年，"秦民大悦，道不拾遗，山无盗贼，人给人足，民勇于公战，怯于私斗，乡邑大治"。

商鞅变法侵犯了贵族利益，遭到他们的强烈反对。太子傅公子虔和太子师公孙贾，还教唆太子驷，公开出来反对，但是商鞅在秦孝公支持下，加强思想统治，新法得到推广。然而公元前338年，秦孝公死，太子驷即位为惠王，公子虔等乘机发动反攻，诬陷商鞅以谋反的罪名，将他逮捕并车裂。商鞅虽死，秦惠王和他的子孙，都继续实行商鞅的新法，所以秦的国势继续发展，为后来秦灭六国统一中国，打下基础。商鞅变法的成功，在中国历史上具有里程碑的意义。它摆脱了一个旧的时代，开始了一个新时代。

赵武灵王军事改革家

战国时期，赵国虽是七雄之一，但与秦国、燕国一样，经常受北方游牧民族的侵扰。赵国地势处于最严峻的地位，一方面要与南方各大诸侯争霸，另一方面又要保障本国北疆的稳定。公元前326年（赵肃侯二十四年）赵肃侯去世，赵武灵王即位。魏、楚、秦、燕、齐各国派锐师万人来参加会葬，显然来者不善。时年仅15岁的赵武灵王，以强硬的立场应对这一严重的军事挑衅，同时采取灵活的外交手段，动员韩、越等国相助，使国家度过了这一难关，最终迫使五国退兵。

赵武灵王（约公元前340—前295年），名雍，赵肃侯之子，战国时期赵国君主，是杰出的政治家、军事家、军事改革家。

一 改革的背景

在外部，赵国受到中山小国的挑战。赵国的生存形势非常严峻，一个大国受到了中山国这样的小国挑战，实为可憎。中山国原为白狄族，春秋时被称为鲜虞。公元前406年这个小国直接嵌入赵国的腹地，背后又有齐国、燕国等大诸侯国的支持，极大地威胁了赵国的国家统一。这个问题是赵国历代国君的心腹大患。

赵国内部也有深层次的政治问题。赵国本身有着很浓厚的游牧传统，在七雄之中，他是与北方游牧族交流最全面的国家，与少数民族间的通婚也比较普遍。这就形成以代郡和邯郸为代表的两种文化、两种政治势力对立的局面。这一特殊国情，与战国其他国家完全不同。加上在这两个城市势力之间，又横亘着一个中山国，长此以往很容易造成国家的分裂。正是在这样一个大的历史背景下，赵武灵王决心奋发图强，他暂时撤出大国争霸的局面，将注意力转向北方。赵国的北部有林胡、楼烦、东胡等的游牧民族，赵武灵王看到这些少数民族在军事方面的优势。他们穿窄袖短衣，生活、起居、狩猎和作战，都比较方便。作战时用骑兵、弓箭，与中原的兵车、长矛相比具有更大

赵武灵王

的灵活性。缺点是游牧民族组织纪律性差。他利用对方的优点"胡服骑射"推动改革。改革的中心内容是穿胡人服装，学习胡人骑马射箭的作战方法。

二 改革的过程

赵武灵王喜欢冒险，喜欢浪迹天涯，河北平原、塞外草原、长河落日、大漠孤烟，赵国周围的山山水水，无不留下了他风尘仆仆、雄壮威武的身影。赵国前几代国君都想往南发展，这个战略最后被证明是错误的。赵武灵王决定学习当年的秦穆公，转而向北方发展，占据草原，扩地广民，从容发展，积累国力，再图称霸。他考察的目标，就是北方草原那些彪悍的胡人。要打败敌人，就要先了解他们，甚之学习他们，这是一个非常简单的道理。公元前309年，赵武灵王伸进中山的据点九门（今河北正定东南），并在这里修了一座高大的军事瞭望台。赵武灵王独自傲立在高台之上，他决定要灭掉这个该死的中山国，了结这个纠缠了赵国百年的奇耻大辱，重整河山。

赵武灵王在日理万机之余，有时穿异装潜入到胡人的部落里，打探他们的情况。公元前307年，赵武灵王回家了。立即在赵国的陪都信都的行宫（今河北邢台）举行盛大的朝会，并召见拥有胡人血统的重臣肥义，两人足足密谈了五天五夜。第六天信宫内朝臣毕集，大家都看着这位在外边疯跑的大王。赵武灵王看了看大家，一字一句地说道："寡人决定，胡服强兵！"要大家穿胡服。群臣嘲笑

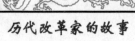

他说，我们这些堂堂华夏子孙，去穿那些野蛮胡人的服装，不可！万万不可！自古以来，只有用夏变夷，哪有夏变于夷的，此乃亡国之策。其中最反对的是赵武灵王的亲叔父。还有一些人，心里不是滋味，就在下面散布谣言说："赵武灵王平素就看我们不顺眼，这是故意做出来羞辱我们。"赵武灵王听到后，召集满朝大臣，当着他们的面用箭将门楼上的枕木射穿，并严厉地说："有谁胆敢再说阻扰变法的话，我的箭就穿过他的胸膛！"从此大家再也不敢妄发议论了。同时，赵武灵王反复讲，赵国并非国弱民衰，而是在于军队军装不适于骑兵和车战的作战形式。因为笨重的战车只宜于平坦的地方作战，在复杂的地形中运转十分不便，众多的步卒也无力对付那奔驰迅猛、机动灵活的骑兵，只有以骑兵对抗骑兵，才能增强赵国的军事力量，彻底改变被动挨打的局面。我们现在穿的是宽袖长袍，衣服太笨无法作战。赵武灵王首先作好叔父的工作，叔父想通了，在上朝时穿上胡服。鉴于这种情况，赵武灵王实行"胡服骑射"，推行服装改革，其步骤是：首先要求朝中官员改装，此后，"邯郸命吏大夫奴迁于九原，又命将军、大夫适子戍吏皆貂服"（《竹书记年》）。慢慢大家都穿上胡服。事实上胡服只是个手段，骑射才是赵武灵王的终极目标。

赵武灵王在实行"胡服骑射"之前，已经在赵国北部搞过试点。吸取胡人机动性强的优点，抛弃其纪律性差的缺点。学习方法是：招募胡人骑兵充当教官、将领，直接把赵国将士培养成骑兵，并与直接招募胡人骑兵相结合，建立一支能被国君牢牢控制的国家骑兵。

赵武灵王实行"胡服骑射",除了为适应周边国家的军事竞争外,"胡服骑射"最重要的目的,是为了解决以代郡和邯郸为代表的两种文化、两种政治势力造成的南北分裂的局面。

"胡服骑射"虽然是一场军服改革,但影响却是多方面的,使人们的心理和思维方式发生了明显变化。打击了"先王之道不可变"的保守思想,勇于革新的思想得到树立,削弱了华夏民族鄙视胡人的心理,增强了胡人对华夏民族的归依心理。

三 改革的目的

军事的需要

在赵武灵王之前,天下的战争,实乃战车之战。战车的好处在于冲击力强,在广阔的平原地带,它是无敌的军事堡垒,然而战车有巨大的缺点,就是机动性差,追击的时候慢得像头牛,退却的时候像只龟。特别是到了山地、丘陵地带,笨重的战车基本上就等于废物。而到了赵武灵王时,谁拥有一支强大的骑兵军团,那么它肯定是无敌于天下。中原的军队,大多以步兵为主,辅以战车,再配极少量的骑兵,这种作战方式,在北方游牧民族强大的骑兵军团、高机动性和强大的冲击力面前,往往不堪一击。赵武灵王在这上面,已经吃了无数次亏了,血的教训,无比惨痛。所以骑兵的发展乃是历史发展的大势所趋。

政治的需要

赵武灵王的政治视角,可谓高瞻远瞩。以赵国的实力,无论怎

么努力也无法将胡人尽灭，所以最好的办法就是同化胡人，也就是所谓"用夏变夷"，最终让中华各族没有畛（zhěn）域之分，华夷共处、夏胡一家。然而胡人属于游牧文明，华夏属于农耕文明，双方在风俗文化方面大相径庭，因此要让胡人认同华夏的意识形态，进而向胡人灌输自己的意识形态，潜移默化之下，将胡人"华夏化"，两千年前的赵武灵王就有如此的智慧，实在是难能可贵。

四　改革的后果及对其评价

中国出现骑兵

在赵武灵王推行"胡服骑射"之后，胡服成为中国军队中最早的正规军装。以后逐渐演变改进为盔甲装备。胡服的推广，不仅直接为赵国赢得了赫赫的战功，而且对军队历史的发展演化进程，产生了重大影响，开创了我国古代骑兵史上的新纪元。从此我国军事史中，除车兵、步兵和舟兵外，出现了骑兵这一崭新的兵种。同时，它也改进了军队的服饰装备，使之便于作战。

强化了服饰的实用功能

"习胡服求便利"成为服饰变化的总体倾向。"胡服骑射"前的华夏族服饰，既是每个人身份高低的标志，也是夷夏不同身份的标志。"胡服骑射"之"胡服"，首先是为骑射，也便利了人们的生产、劳动与其他社会活动，因其打破了服饰的民族界限，弱化了身份界限，使君臣、官民服饰的差别大大减小。赵武灵王虽没有强制百姓改穿胡服，只在官吏军队中强制推行。但上行下效，自古皆然，加上胡服的便利性，赵国百姓纷纷效仿，胡服之冠、爪牙帽子、带钩等胡人风格的服饰，开始在赵国百姓中流行。

胡服具有教化作用

"胡服骑射"减弱了华夏民族鄙视胡人的心理，增强了胡人对华夏民族的归依心理。赵武灵王实行"胡服骑射"，身穿胡服进行教化，自然被胡人视为对其最友好的表示，开始从情感上靠近赵人，林胡、楼烦两个强敌归顺了赵国，起到了化敌为友的巨大功效。

赵国军事力量大大加强

由于赵国武装力量迅速增强，在大约十年中，对内就消灭了中山国，国土连成一片。对外，改变了战国七雄之间的力量对比，在关东赵国的力量逐渐压倒各国。打破了齐秦两强东西对峙的局面。一度出现秦齐赵三国鼎立的形势。

评价

赵武灵王于公元前325—前299年在位，他一生并未称王，"赵武灵王"这一称号是后世人给予的。赵国经过改革后，一跃成为当时的超级强国，与秦国共同成为战国后期争霸的主角。雄心勃勃的赵武灵王不甘寂寞，在攻灭中山国后，又要做中原霸主，想要夺回王位，进行政变，重做赵王。结果政变失败，被围困在沙丘宫。三个月间，居然没有一个忠于他的亲信来搭救，没有任何大臣挺身而出。那些保守、排斥赵武灵王的人，对赵武灵王持否定态度。赵武灵王被饿死在沙丘宫中。然而，赵武灵王的"胡服骑射"，不仅使国内国土连成一片，而且向北开辟了上千里的疆域，并设置云中、雁

门、代郡行政区，管辖范围达到今河套地区。赵武灵王的"胡服骑射"是我国古代军事史上的一次大变革，被历代史学家称赞。赵武灵王以敢为天下先的进取精神，在中原王朝把少数民族看作"异类"的政治背景下，在一片"攘夷"的声浪中，力排众议，冲破守旧势力的阻扰，坚决实行向夷狄学习的国策，表现了作为古代社会改革家的魄力和胆识，赵武灵王不愧是一位值得后人纪念和效法的杰出历史人物。梁启超认为，赵武灵王是黄帝以后的第一伟人。将赵武灵王比作秦始皇、汉武帝、唐太宗、宋太祖、明成祖一样的君主。著名的历史学家翦伯赞先生亦有《登大青山访赵长城遗址》一诗：强射胡服捍北疆，英雄不愧武灵王。有此一言足矣。

西汉农业改革家赵过：改革农业

西汉（公元前 206—公元 25 年）是中国历史上第一个盛世，经历了 230 多年的统治。

一 西汉简史

西汉建立后，各项制度基本沿袭了秦国。但大政方针改变了，这是汉朝从秦朝的苛政而速亡中吸取了教训。汉朝制定了"与民休息"的方针，减轻人民的负担。"文景之治"时期，赋税降到"十五而税一"和"三十而税一"，经济有了蓬勃的发展，人民丰衣足食，社会安定，这就为汉武帝时期的强盛打下物质基础。为加强皇权的统治，朝廷采纳董仲舒的"罢黜百家，独尊儒术"的思想。即把学习与选官结合起来，引导人们读儒家著作，逐步统一思想，达到忠君以巩固皇权的目的。西汉的农业、手工业、商业都有了长足的发

展。纺织手工业，已有接近成型的绣花机器，有一部分人能脱离单纯的手工劳作，生产效率提高。汉武帝时期，击败匈奴，派张骞出使西域。通过丝绸之路与西亚诸国开展外交、商贸交流。人文学科与自然科学也得到发展。司马迁完成我国第一部通史，被后人赞为"史家之绝唱，无韵之离骚"。

二　赵过担任农官

由于多年征战，国力下降。汉武帝晚年停止征战，转而大力发展农业，几千年来，农业一直是我国最主要的生产部门。

西汉初期，中国民间已经有了职业农业技术专家，叫做"力田"。这种"力田"，受到朝廷的褒奖，农业专家的地位也提高了。农业技术不仅有具体操作的实践，还有了农业理论的总结。所以，西汉农业技术进步很快。汉武帝悔征伐之事，乃封丞相为富民侯，下诏曰："方今之务，在于力农"。汉武帝时，朝廷正式设立了专职推行农业先进技术的"搜粟都尉"。赵过就是首位担任西汉王朝"搜粟都尉"的农官，这个官位的职责带有农业科研性质。

发明"代田法"

赵过担任"搜粟都尉"以后，马上就推广了他发明的"代田法"。所谓"代田法"，就是垄沟栽种法，把农田中的土地耕作成为一种条形的垄沟，农作物就栽种在这样的垄沟之中。这是一种保水、保肥及提高地湿的一种农业技术，能够提高产量。这样的垄沟"代田法"，现在依然使用得很广泛。

关中地区，农业生产发展了，但是耕作技术不能适应生产发展的要求，于是赵过创立了"代田法"。赵过的"代田法"，来源于畦种法，但又有所更新。先平整土地，然后在土地上开沟作垄，将农作物种在沟里，幼苗出土后，长在沟里，少受风吹，减少了水分蒸发，保证了苗期健壮。周边长出杂草，将杂草埋在沟里，使其腐烂，增加肥力。同时把垄上的土，全锄到沟里，培植苗根。盛夏时，垄尽沟平，作物的根部生长在土壤深层，能吸收更多水分，生长十分健壮。第二年耕作时，将头一年作垄的地方改作沟，作沟的地方改为垄，轮番使用，因此叫"代田法"。即把以前整块地的休耕改为一块土地上的局部休耕，既充分利用土地，又可以使地力得到恢复。赵过先在小块田里作了试验，证明每亩可增产一斛以上，比旧的耕种法增产25%—50%左右。"代田法"在大西北扎了根，并沿用下来。关中有些作物如西瓜、玉米、大葱等，至今仍采用"代田法"作业。

耕犁改为"耦犁"

赵过又将耕犁改为"耦犁"。由犁稍（犁柄）、犁辕、犁底（犁床）、犁箭等部件构成。耕作时，采用"二牛三人"组合；一个在后扶犁，二牛合犋拉犁，两人在前各牵一牛。大面积推广牛耕时，多数牛都不听使。犁辕直长，前按横木作为牛轭（è），以二牛抬杠的形式操作牵引。考古证明汉犁最大的改革是犁壁的发明。犁壁系长方形铁体，略带弧形，近似"耳朵"，装在犁铧后上方，所以又称"犁耳"，它的出现，才使耕犁具备了"翻耕"的功能，大大提高了耕地的速度和质量。

　　赵过在推行耦犁的同时，对那些无牛的贫困户和贫瘠土地的地区，推行人力挽犁。这是平都县（今陕西北部）令光的建议，赵过采纳建议，并把平都县令光提升为丞，由他专门组织教授农民相互协作挽犁。这种人力挽犁虽比不上耦犁，但每天耕地多则 30 亩，少则 13 亩。赵过推广牛耕，先在关中，而后到边远地区，牛耕逐渐普及，效果十分显著。后人常把赵过看作为牛耕的创始人。北魏杰出的农学家贾思勰也称"赵过始为牛耕"，可见影响之久远。

耧车的发明

　　赵过的农具改革成果中，最能体现技术水平的是耧车的发明。《汉书·食货志》云：赵过的"耕耘、下种田器，皆有便巧。"下种就是播种机，即耧车。它的形状：高三尺左右，用四根横木按成耧架；前置两根耧辕，耧辕之宽，可容一牛，以便牵引牲口；后设两个上弯的耧柄作为操作扶手，中间有一耧斗装载种子；耧车上还附设重物，以增强摇摆振荡，防止种子堵塞；耧车底有闸板，控制播种量，下边有三条中空直通耧脚，耧脚上装有小铁铧。耧车播种操作时，用一头牛驾辕牵引，一人扶耧左右摇动，装在耧斗里的种子，就顺着中空通道流到耧脚，再经铁铧摇入土中。如果再在耧车后用两条绳子横向拖一块方形木棒，就能把播种后的土壤荡平，起到压实的作用。

　　采用耧车播种，效益十分明显：播种深浅一致，幼苗出土整齐；成熟时间一致，便于统一管理、统一收获。条播可保证作物有一定的行距，有利于作物通风透光，也便于田间中耕、管理。

耧车播种比漫撒而种节约种子。种子随铧入土，及时覆盖，保持地墒，也避免了种子暴露失水，保证了正常萌发，这就是耧车的构造和性能。赵过制的耧车，仅用一人一牛，就把开沟、下种、覆盖三道工序一次完成，比落后地区的效率提高了三倍。这在当时的农业生产中具有划时代的意义。

　　赵过发明的耧车，随着牛耕在推广中不断向多样性发展。到东汉时已有独脚、两脚、三脚的区别。但唯有三脚耧流传至今，保持着科学生命力。赵过在汉代的农业生产中，耕种方法用代田，耕地用耦犁，播种用耧车，为我国农业发展历史，写下极其光辉的一页。

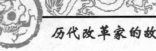

西汉桑弘羊：改革财政

汉武帝时，桑弘羊主持全国财政工作达 22 年之久，为西汉政府提供了巨额收入，大大加强了封建政权的巩固。桑弘羊是西汉杰出的理财专家。

一 桑弘羊的生平

桑弘羊（公元前 152—前 80 年），洛阳（今河南洛阳东北）人，出身商人之家。家庭的熏陶和先辈的影响，使桑弘羊从小就熟谙经商之术，最善于心算，对各种聚财之道，了如指掌。但是在我国古代，士、农、工、商的职业划分中，"商"居末位，商人社会地位是很低的。所以桑弘羊的父母没有让他继承祖业，继续经商，而是想方设法要他摆脱商人这一职业，进入"士"这一阶层。所谓的"士"，就是读书做官的人。当时汉朝有一种选拔官吏的制度，称为

"赀（zī）选"。就是拥有相当家产的人，可以自备车马衣服，到长安等候政府选用。这些人一般先是做郎官，也就是皇帝的侍从，以后遇到机会就可正式补官。桑弘羊的富商家庭为他提供了通过"赀选"进入仕途的可能。于是在父母的安排下，年仅13岁的桑弘羊到了长安，入宫去侍奉比他大3岁的青年皇帝汉武帝刘彻。后来，他又被授予侍中的荣誉官衔，成为汉武帝身边的高级侍从。汉武帝即位之后，一方面改革制度强化中央集权，另一方面连续对匈奴、越、西南夷发动战争，国力消耗很大。加之政府安置流民的支出及武帝的浪费，致使西汉初期"文景之治"时积累的国力大衰，财政危机严重。

汉武帝时，为了培养一批忠于自己的得力官吏，选拔了很多有才干的青年在他身边作侍中，像朱买臣、卫青、霍去病、霍光、桑弘羊，都是他的侍中。元狩三年（公元前120年）主要负责财政的官员为了弥补财政的亏空，向汉武帝推荐山东的大盐商东郭咸阳和河南南阳的大冶铁商孔仅，担任大农丞，利用他们经商的经验和技术，负责管理盐铁事务，通过盐铁收归国营，来增加国家的财政收入。桑弘羊这时已经34岁，由于他善于计算经济问题，汉武帝让他帮助东郭咸阳和孔仅估算研究盐铁官营的规划，这个规划经过一年的起草才完成。主要是将原属少府管的盐铁划归大农令管。由国家垄断盐铁的生产，不许私人经营。汉武帝很快就批准了这个计划，并派东郭咸阳和孔仅到全国各个产盐的地区，设立盐铁官营的机构，任命原来经营盐铁的商人为各地官营盐铁的主管官。这一政策的执

行，在经济上取得了成效。三年之后，孔仅升任为大农令，桑弘羊也被提拔为大农丞。大农令是封建政府掌管财政的最高官员，大农丞是他的主要助手。从这时起，桑弘羊就显示出他在理财上的突出才干，越来越受到汉武帝的重用。便向汉武帝提出一系列经济改革的措施，公元前110年，桑弘羊开始代理大农令，后来又正式升为大司农，主持全国的财政工作达22年之久。公元前80年，霍光以谋反的罪名杀害了桑弘羊。

二　财政改革的措施

桑弘羊的财政改革措施主要有：

1. 实行盐铁专卖政策。由于西汉财政危机严重，桑弘羊向汉武帝建议，仿照春秋时期齐相管仲的办法实行"笼盐铁"，就是推行盐铁专卖政策。元狩三年（公元前120年），桑弘羊向汉武帝推荐山东的大盐商东郭咸阳和河南大冶铁商孔仅担任大农丞，利用他们的经验和技术，负责管理盐铁事务。通过盐铁收归官营来增加国家的财政收入。汉武帝让桑弘羊帮助东郭咸阳和孔仅估算、研究盐铁官营的规划，规划经过一年的起草完成。公元前119年汉武帝下令实行盐铁专卖政策。具体做法是：鼓励平民从事盐铁生产，官府供给他们主要的生产工具。平民生产出来的食盐由政府统一收购，不得私自买卖。官府在各地设立盐肆，任命官吏，负责出售食盐。在政府无力设置盐肆进行经营的地方，特许一些小商人进行分销。铁矿的开采、冶炼、锻造也全部由政府控制，产品归官府所有，由官府设置官吏负责销售。盐铁的价格都由政府统一规定，以保持价格的稳定。任何人不得私自铸铁、煮盐，违者没收工具和产品，处以重刑。为了管理盐铁专卖，汉武帝还任命大盐商东郭咸阳、大铁商孔仅担任盐铁丞，并在盐铁产地设置盐官和铁官，负责盐铁生产和收购。在不出产盐铁的地方，设置小盐官和铁官，负责盐铁销售，回收废铁。盐铁专卖所得的高额利润，全部上交中央政府。

2. 实行均输法。公元前 110 年，桑弘羊又在全国范围内推行均输法。均输法即政府利用各地贡赋做底本，进行一次大宗的商品贩运贸易，以此调节物资。具体做法是，郡国将应该缴纳的贡物连同运费的总额，按照市场价格折算成当地出产的、价格比较低廉的土特产品，支付给政府的均输官。均输官再将所收到的土特产品，合理地运往需要这些产品的地区去出售。这样，中央政府不加一文钱，就可以从土特产品的贩运贸易中，获取巨额的利润，用来维持政府的各种支出。均输法的实行还明确了任上所宜的原则，对各种物品进行合理运售。改变了过去需要进贡的物品不是本地所产，农民要用高价到市场购买，再上交官府的情况；还使农民免除了自备粮食工具为政府长途运输的沉重负担，大大减轻了农民的负担。

3. 实行平准法。平准法和均输法密切相关，平准的目的就是由政府来调节物资，平抑物价。政府在长安设置平准官，负责掌管各地运送来的物资，以及官营手工业的原料和产品。当市场上某种产品滞销，价格下降时，平准官就开始收购，使物价保持稳定。均输和平准，一个相当于行商调节物资的余缺，一个相当于坐贾调节物

价的高低；一个掌握大宗商品批发，一个负责管理市场零售，共同组成官营商业体系。这对抑制商人囤积居奇、垄断物价起了很大的作用。

4. 实行算缗和告缗令及酒类专卖政策。算缗即按照财产数额来向商人们征收财产税，但商人都隐瞒不报，或者少报。又颁布告缗令，鼓励百姓告发隐瞒财产的商人，告发者可得到被告人家产的一半。

三　改革的成就

盐铁专卖政策为西汉政府提供了巨额收入。抗击匈奴的巨大耗费，开通西域以及开发西南等，一直都是依靠盐铁的收入来支撑的。盐铁的专卖迫使那些巨商大贾退出了盐铁生意，斩断了他们的聚财之路，在一定程度上抑制了豪强兼并，延缓了平民贫困化的过程。对农业、手工业的生产都有较大的好处。同时，盐铁专卖的实行，使诸侯不能再靠盐铁之利割据一方，大大加强了封建政权的巩固。它不仅是一项经济政策，还有着重要的政治意义。

均输法和平准法实行的目的，就是由政府来调节物资，平抑物价，使物价保持稳定，这对抑制商人囤积居奇、垄断物价起了很大的作用。这种官营商业体系是桑弘羊的独创，均输法更是桑弘羊的商业天赋和长期财政工作经验的结晶。其理财思想对后世产生巨大的影响。

四 "盐铁会议"及其历史价值

在西汉昭帝始元六年（公元前81年）朝廷从全国各地召集贤良、文学（知识分子）60多人到京城长安，与以御史大夫桑弘羊为首的政府官员共同讨论民生疾苦问题。后人把这次会议称为"盐铁会议"。会议是在大将军霍光一手操纵下进行的。会上双方对盐、铁、酒专营，均输、平准，统一铸币等重大问题展开了激烈争论。这是中国古代史上第一次规模较大的关于国家大政方针的辩论会。

在盐铁会议上，贤良、文学全面抨击了汉武帝时期的政治、经济政策。在经济方面要求"罢盐铁，酒榷（què）均输"。他们以儒家思想为武器，讲道德，说仁义，反对"言利"。认为实行盐铁等官营政策是"与民争利"，违背了古代圣德"贵德而贱利，重义而轻财"的信条。败坏了古代淳朴的社会风尚，引诱人民走"背义而趋利"的道路。他们提出了战国以来儒家的重本抑末说，认为官营工商业"非治国之本务"，主张"进本还末，广利农业"。当时儒家思想在中国社会中已占统治思想。

御史大夫桑弘羊站在封建中央政府的立场，强调法制，崇高功利，坚持国家干涉经济的政策。对盐铁官营、均输、平准等重大政策，采取坚决维护的态度。认为它"有益于国，无害于人"，既可以增加国家的财政收入，又有发展农业生产的作用，官营绝不可废止。他在为盐铁官营等政策辩护时，全面地提出了他对工商业的看法。他接受了范蠡等人的重商思想和《管子》中有关国家经营工商业的

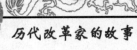

思想。认为工商业在人民经济生活中是不可少的。人民生活所需的一切，均"待商而通，待工而成"。所以他主张"开本末之途，通有无之用"，"农商交易，以利本末"。但他认为工商业应该由政府控制，发展官营工商业。这样既可以增加国家财政收入，又可以"排富商大贾"，抑制他们的兼并掠夺，有利于"使民务本，不营于末"，有利于"建本抑末"。桑弘羊以舌战群儒的精神，维护他改革的重要思想。

盐铁会议时桓宽服膺儒家思想，在政治上站在反对桑弘羊的立场，但他把盐铁会议辩论双方的思想、言论比较忠实地整理出来，写成《盐铁论》一书。《盐铁论》这部著作不仅保存了西汉中期较丰富的经济史料，也把桑弘羊这一封建社会杰出的理财家的概略生平、思想和言论相当完整地保留下来，成为研究中国思想史，特别是西汉经济思想史的一部重要著作。

东汉蔡伦：改进造纸术

东汉（公元25—220年），统治历时195年。东汉沿用了西汉的许多政策，但在有些方面进行了调整和改革，使之更加适应东汉的社会状况。整顿吏制，设尚书六人分掌国家大事，以进一步削弱三公（太尉、司徒、司空）的权限。废除官奴，清查土地，防止地主隐瞒土地。到一世纪中叶，经过光武帝、明帝、章帝三代的治理，恢复了往日汉朝的强盛。这一时期被后人称为"光武中兴"，人民的生活逐步稳定下来。东汉在经济、文化、科学技术方面都超过了西汉的水平。

88年汉章帝死，年仅十岁的和帝刘肇即位，因其年幼，统治权完全落在章帝皇后窦氏与其兄弟窦宪的手里。窦氏的专权引起上下官员的不满，和帝与宦官郑众等人合力诛灭窦氏。自此，宦官越来越多地参与东汉的政治统治，形成宦官与外戚专权的格局。

蔡伦（61—121年），字敬仲，桂阳郡宋阳（今湖南郴州）人。

蔡伦是著名的东汉宦官，造纸术的改革家、发明家。幼年随父种田，睿智伶俐，人皆喜之。章帝刘炟在位时，官府常到各郡县挑选幼童入宫。永平十八年（75年），年仅15岁的蔡伦被选入宫。他读书识字，成绩优异。他为人敦厚，办事专心尽力，关心国家利益。历任小黄门（宦官中职务较低者）、中常侍兼上方令、长乐太仆等职，掌管宫内外公事传达及引导诸王朝见、安排就座等事。中国历史上宦官干预国政，也正从这个时期开始。

章帝死后，10岁的和帝即位，由窦太后听政。蔡伦因功被提拔为中常侍，随侍幼帝左右，参与国家机密大事，秩俸二千石。永元四年（92年），蔡伦任上方令后，利用供职之便，常到乡间作坊察看，见蚕妇缫丝漂絮后，竹簟（diàn）上尚留下短毛丝絮，揭下似缣（jiān）帛，可以用来书写，从而得到启发。便收集树皮、废麻、破布、旧渔网等原料，在宫廷作坊施以锉、煮、浸、捣、抄等法，试用植物纤维造纸，终于造出植物纤维纸。永平九年（97年）窦太后卒，和帝亲政。后立邓绥为皇后，蔡伦立即投靠邓皇后。邓绥喜欢舞文弄墨，蔡伦为投其所好，甘心屈尊任尚方令，主管宫内御用器物和宫廷御用手工作坊。元兴元年（105年），他将造纸过程、方法，写成奏章，连同造出来的植物纤维纸，呈报汉和帝，和帝大加赞赏。蔡伦造纸术很快传开。人们把这种纸，称为蔡侯纸。元初元年（114年），安帝封其为龙亭侯（封地在今陕西洋县）食邑三百户，从此进入贵族行列。正当他权势处于顶峰时，121年邓太后卒，安帝亲政。蔡伦当初受窦太后指使，参与迫害安帝皇祖母宋贵人致死，剥夺皇父刘庆的皇位继承权。当时正宫窦太后无子，于是指使蔡伦诬陷章帝妃宋贵人"挟邪媚道"，逼她自杀。宋贵人所生太子刘庆被贬为清河王。窦太后又指使人诬陷章帝妃梁贵人，强夺其子刘肇为自己的养子，并立为太子。这件事后被审讯查办。蔡伦知死罪难免，于该年自尽身亡。蔡伦一生在内廷为官，先后侍奉四个幼帝，投靠两个皇后，不断高升，身居列侯，位尊九卿。在他兼管尚方令时，推动了手工业工艺的发展，被称为东汉时期的科学家，因而留名后世。

尚方令本来是少府属官，主管刀剑等各种宫廷御用器具的制造，与中常侍高位根本不相称，但蔡伦尽力讨好。凡是帝、后喜欢的器物都在尚方精制。邓后文史和纸墨，曾令各州郡岁贡纸墨。蔡伦也正因此而成为促进东汉造纸术发展的关键人物。由于职务上的关系，蔡伦得以有观察、接触生产实践的条件。每有空闲，他就亲自到作坊进行技术调查，学习和总结工匠们多年积累的丰富经验。再加上他自己的聪颖创新，对发展当时的金属冶炼、铸造、锻造及机械制造工艺，起到了不小的推动作用。但是，蔡伦对工艺技术最突出的贡献，还是在造纸方面。

公元 7 世纪初（隋末唐初），造纸术东传至朝鲜、日本；8 世纪传入撒马尔罕等地；10—13 世纪传入大马士革、开罗、摩洛哥、印度；14—17 世纪传入欧洲。

蔡伦是中国"四大发明"之造纸术的改革者，是"人类有史以来最佳发明家"之一。

东汉张衡：发明地动仪

张衡（78—139年）河南南阳人。他出身名门望族，自幼刻苦好学。10岁时就"能五经贯六艺"，过目成诵。他到过首都洛阳，进过最高学府——太学，结识了一位青年学者崔瑗，成为挚友。崔瑗是当时的经学家、天文学家贾逵的学生，他精通天文、历法、数学等。张衡19岁即离开了故乡南阳，到外地去游学，他先到了当时的学术文化中心三辅（今陕西西安一带）。为访师求友，他往来于渭河流域，踏遍了名都大川，观察了巍峨青翠的终南山、奇险峻峭的华山和宏伟的秦汉古都遗址，这些经历给他提供了丰富的创作素材。和帝永元十二年（100年）张衡应南阳太守鲍德之请，作了他的主簿，掌管文书工作，由于博学多才，任职期间成绩卓著。8年后鲍德调任京师，张衡即辞官回家。在南阳期间，他对在外学到的知识进行推理与归纳，致力于探讨天文、阴阳、历算等学问，并反复研究西汉扬雄著的《太玄经》。这时张衡的名声引起了汉安帝的注意。永初五年（111年）张衡被征召进京，拜为郎中。元初元年（114年）迁尚书郎。次年迁太史令。以后曾调任他职，但五年后复为太史令，任此职总计达14年之久，张衡的许多重大科学研究工作都是在这一阶段完成的。顺帝阳嘉二年（133年）张衡升为侍中，但不久受到宦官排挤中

张衡

伤。三年后，任河间王刘政的相，刘政是个骄横奢侈、不守中央法典的人，地方许多豪强与他共为不法。张衡到任后，严整法纪，打击豪强，使得上下肃然。

　　132年，张衡在京城洛阳制成了可以测定地震方向的"候风地动仪"。地动仪全都用精铜铸成，外形像一个带盖的大茶杯。仪器表面铸有八条垂直向下的龙，龙头分别对准东、南、西、北、东南、东北、西南、西北八个方向，每条龙的嘴里都含着一个铜球。在对着龙嘴的地上，蹲着八个仰着头张着嘴的铜蟾蜍。地动仪的内部结构非常精细巧妙，当某个方向发生地震时，仪器上对着那个方向的龙嘴就会张开，铜球就会掉进铜蟾蜍的嘴里，自动报告发生地震的方向。138年的一天，地动仪西边的龙嘴吐出了铜球，果然远在千里之外的陇西（今甘肃省）在这一天发生了地震。这是人类第一次用仪器测报地震。在欧洲，直到1700多年后才出现同类的仪器。

在天文学方面，张衡著《灵宪》，并发明了浑仪。《灵宪》是关于天文学的代表作。其要点是宇宙的起源、宇宙的无限性、天地的构造、日月的角直径、月食原因、五星的运动、星官、流星和陨星。《灵宪》把宇宙演化为三个阶段，即道根、道干、道实。《灵宪》认为宇宙最初是无形无色的，阴的精气浑浊不分，这一阶段乃是道之根。从道根产生道干，气也有了颜色，但量不出它的运转速度。有了道干以后，开始产生物体，刚柔始分，混浊异位，天成于外，地定于内，天地配合，产生万物，这就是道实。张衡的宇宙天体观是"浑天说"，认为"浑天如鸡子"，天和地的关系就像蛋壳包蛋黄一样，天外地内。他指出月球本身并不发光，月光其实是日光的反射，他生动形象地把太阳和月亮比做火和水，火能发光，水能反光，有时看不到月光，是因为太阳光被遮住了；《灵宪》一书，不仅使用赤道、南极、北极等名词，而且画出我国第一张完备的星图，记录了两千五百颗恒星。

浑仪相当于现在的天球仪，原是西汉时耿寿昌发明的。张衡对它作了改进，用来作为浑天说的演示仪器。他用齿轮系统把浑象和计时漏壶连接起来，漏壶滴水推动浑象均匀地旋转，旋转一天刚好代表一周。这样，人在屋子里看浑象，就可以知道哪颗星当时在什么位置上。张衡继承和发展了中国古代思想传统，认为宇宙并非生来如此，而是有产生和演化的过程的。张衡所代表的思想传统与西方古代认为宇宙结构亘古不变的思想传统大不相同，却和现代宇宙演化学说的精神有所相通。他的天文学代表作，为天文学的发展作出了不可磨灭的贡献。

在文学方面，张衡著有名著《东京赋》、《西京赋》，合称《二京赋》。《二京赋》描写了东汉时长安和洛阳的繁华景象，讽刺了官僚贵族荒淫无耻的寄生生活。张衡另著《南都赋》，生动描绘了南阳郡的社会面貌、人民生活和民间风俗，共有文章30余篇。

张衡在数学、机械制造上也都有贡献，他曾制造了指南车，在战火年代失传了。张衡是天才、奇才、全才、通才，可作为知识分子的楷模。人们非常敬重他。月球上有一座环形山，就是以张衡的名字命名的，这也是世界人民对他的纪念。

三国马钧：改进机械制造

　　三国时期（208—280 年），起于"赤壁之战"，止于西晋统一中国。曹氏的魏国、刘氏的蜀国和孙氏的吴国，呈三国鼎立的局面，持续了 72 年，故称三国时期。

一　三国简史

　　东汉末年，董卓专权，天下诸侯联军讨伐，其中作为八大校尉之一的曹操，也参与了讨伐。此后，曹操的势力日益强大。建安元年（196 年），曹操奉汉献帝于许昌，"挟天子以令诸侯"，先后消灭北方的袁术、吕布、张秀、袁绍等人，统一了长江以北的大部分地区。208 年，曹操准备一举击溃孙权的势力。此时刘备与孙权联手抗曹，赤壁一战中，以火攻击曹军，曹操大败，回到北方。刘备则趁机夺取汉中与蜀地，三国鼎立局面正式形成。

215 年，曹操趁刘备与孙权为荆州开战之机，出兵占领汉中，直接威胁刘备的蜀地。刘备与孙权和解，回兵汉中击败曹军。219 年，刘备的大将关羽进攻曹操的樊城，曹操遣使与孙权联盟，孙曹两军夹击，斩关羽于麦城。孙刘联盟被彻底破坏。220 年，曹操病逝，曹丕逼献帝退位，自立为帝，国号为魏。随后刘备与孙权分别在成都、建业称帝。刘备国号为汉，孙权国号为吴。222 年刘备为关羽报仇，发兵大举进攻东吴，遭到惨败。刘备兵败逃至白帝城，次年病死于白帝城的永安宫。刘备死后，刘禅即位，诸葛亮辅佐。自 227—234 年，诸葛亮六次伐魏，均告失败。263 年司马昭伐蜀，攻占成都，蜀汉灭亡。魏灭蜀后，蜀吴联盟不攻自破。吴国处于魏的包围中，265 年司马炎废魏帝，改国号为晋，定都洛阳。历史上称西晋，司马炎为晋武帝。280 年晋军攻克建业，东吴投降。

三国鼎立时期，连年战乱，人口下降，经济水平大幅降低，三国都因缺粮而影响战斗。但由于战争的需要，金属冶炼及造船等技术有较大的提高。三国鼎立局面持续 72 年，军事人才大量出现，还有一些发明创造影响很大。

二 马钧及其机械制造

马钧（生卒年不详）字德衡，扶风郡（今陕西兴平市）人，是三国时著名的机械制造家。马钧少年家贫，又有口吃毛病，不善言谈，但却精于巧思，刻苦好学，注重实践，勤于动手。因其精通经学，被魏朝廷征为博士，到洛阳去担任学官。他最热爱钻研机械的

革新和制造，一生研制了许多机械工具，促进了社会生产力的发展，被世人誉为"巧思绝世"的名匠。

对织绫机的改造

马钧从小生长在劳动人民中间，他最关心的是民间生产工具的改革。当时民间使用的织绫机，是西汉时钜鹿人陈宝光的妻子创制的，后来虽经人改造过，但50组经线的织机仍要有50个脚踏蹑（niè）来操纵，60组经线的织机要有60个脚踏蹑操纵，费时费力，织一匹绫需几十天时间。马钧对织机进行了细致观察，深入研究，反复改造实验，终于把50组和60组经线的织绫机改造为由12个脚踏板操纵，简化了织机的构造，减轻了织布工的劳动强度，提高了工效四五倍。改造后的新织机，织出的绫质量也有提高，从而很快在民间推广开来，促进了丝织业的发展。

制造指南车

明帝青龙年间（233—236年）马钧在朝廷任给事中，明帝令马钧研制指南车。我们的祖先很早就创造了指南车，传说4000多年前，黄帝和蚩尤作战，蚩尤为使自己的军队不被打败，便作雾气，使黄帝军队迷失方向，后来黄帝制造指南车，能辨别方向，终于打败了蚩尤。又传说3000年前，南方的越裳氏（今越南），派使臣到周朝，迷失了回去的路线。周公遂制造了指南车相赠，以作为指南工具。这些故事虽是传说，但是中国指南车的发明也实为很久之前的事情，早已失传。东汉时期，伟大的科学家张衡就曾利用纯机械的结构，创造了指南车，可惜，张衡造指南车的方法也失传了。到三国时，马钧在魏国作给事中官时，对传说中的指南车极有兴趣，决心要把它重造出来。但一些保守势力冷嘲热讽说，古代也没有指南车，只是传说。马钧认为：指南车很可能是有过的，问题在于后人对它没有认真钻研。就原

指南车

理方面看，造指南车还不是什么了不起的事，可以试制一下。马钧在没有资料，没有模型的情况下，苦心钻研，反复实验，不久，终于运用差动齿轮的构造原理制成了指南车。事实胜于雄辩，马钧用实际成就战胜了那些保守势力。马钧制造的指南车，在战火纷飞、硝烟弥漫的战场上，不管战车如何翻动，车上木人的手始终指南，引起满朝大臣的敬佩，从此，"天下服其巧也"。

改造龙骨水车

在洛阳马钧住地的附近，有一片空地。他想利用这地种菜。但是地势较高，无法引水灌溉。马钧便着手对东汉人毕岚所发明的翻车进行研究，翻车具有可以提取河水的功能，马钧将它改造为龙骨水车，用其提水浇地，成为一种灌溉机具。这种新的"翻车"是在一个长方形木槽两端设有固定轮轴，其间有木质链条相连。链条上

龙骨水车

每隔几寸穿一木质叶片,用人力转动轮轴,带动链条叶片绕着两头的轮轴翻转,使水通过板槽,由低处流向高处,不间断地提水,提高了农田灌溉效率。这是我国古代水车演变的一个重要步骤,也是当时世界上最先进的提水工具。15世纪这种水车传到西方,受到西方科学界的赞扬。

发明"水转百戏"玩具

此后他又为明帝改制了"水转百戏"木偶玩具。他重新雕刻了木人,在暗处设下机关,用木头做成原动轮,通过齿轮传动,利用水利发动。机关一开木偶人便立即击鼓吹箫、翩翩起舞、抛丸掷剑、爬绳倒立、春米磨面、斗鸡杂耍、千姿百态,蔚为壮观。

总之马钧是善于思索,爱动脑子的人,他的许多发明创造,对当时生产力的发展起了相当大的作用。

历史上著名的改革家魏孝文帝

北魏（386—557 年），北朝之一，继五胡十六国分裂局面之后，在中国北部重建了统一的封建王朝。4 世纪初，在我国古老的民族中，有个鲜卑族，来自大兴安岭一带。其中拓跋部落不断南迁，曾建立了代国，后为前秦苻坚所灭。淝水之战后，拓跋部的拓跋珪趁机复国，召开部落大会，即位为代王，并改国号为魏，史称北魏，也叫后魏、拓跋魏、元魏。396 年，建都平城（今山西大同）。399 年改号称帝，是为道武帝。北魏不断发动战争，先后灭掉了大夏、北燕和北凉，于 439 年统一了北方。

北魏的统治区域北至蒙古高原，西至新疆东部，东北至辽西，南大致以淮河、秦岭为界，与南朝相对峙。太和十四年（490 年）魏孝文帝亲政后，进行改革。534 年北魏分裂为东、西魏。东魏为北齐所代；西魏为北周所代。北魏从拓跋珪建魏到西魏亡，历时 171 年统治。

在民族征服过程中，北魏统治者对北魏各族人民，实行民族歧视和残酷的民族压迫政策，民族矛盾不断激化。到了北魏统治中期，民族矛盾虽已缓和，但由于统治阶级过度剥削和压迫农民，阶级矛盾日益尖锐起来，农民起义连年爆发。445 年，陕西杏城出现盖吴领导的十余万群众起义。北魏政府派出 6 万骑兵前来镇压，拓跋焘亲临指挥，盖吴被叛徒杀害，起义失败。北魏统治者虽然镇压了起义，但也使统治者受到极大的震惊。

473 年拓跋宏即位，为魏孝文帝。农民起义依旧有增无减，为了缓和社会矛盾和民族矛盾，冯太后、魏孝文帝先后进行了一系列改革。

一 魏孝文帝的生平

魏孝文帝（467—499 年），本姓"拓跋"，名宏。是拓跋弘的长子，为北魏第六位皇帝，谥号孝文帝。拓跋宏的父亲献文帝信仰佛教，对政治极其厌恶，总是想超脱俗世，去修身养性。471 年，拓跋宏才 5 岁，献文帝就把帝位让给他。北魏拓跋家一直沿用汉武帝的老办法，"立其子杀其母"，以此来防止吕后那样的悲剧重演，拓跋宏的生母就是这样被杀死的。年幼的拓跋宏，只能由祖母抚养。471—490 年的 20 年间，政权一直由皇太后把持。拓跋宏聪慧早熟，冯太后对他存有戒心，怕他长大后对自己不利。几次惩罚他，一天她听信谗言，杖罚了年幼的拓跋宏；又有一次，大冷天把穿着单衣的拓跋宏，关在一间空屋里，三天不给饭吃，还打算废掉他。后来由于大臣的劝阻，拓跋宏才保住皇位。拓跋宏 3 岁时其生母被赐死，他一直不知生母是谁。他生性孝顺，从小跟着冯太后，就一直把冯太后当作亲生母亲，虽然太后不疼爱他，但拓跋宏对她亲，真算是冯太后的孝孙。改革时，由于孝文帝还小，先由冯太后主持。冯太后是汉族人，知书达理，人又聪明。魏孝文帝改革中有一个团结统一的领导集团，其中有鲜卑宗室贵族，是掌握实权的，也有汉族地主，他们推崇儒学，懂得汉族历代典章制度，为改革提供了理论依据。改革提出的措施，先在鲜卑贵族中统一认识，便于贯彻执行。这样，既有了领导班子，又有了文人具体引导。改革分两个阶段进行，第一阶段是创建新制度，第二阶段是汉化。

二 改革的内容

1. 改革旧习俗

推行均田制

将国家控制的土地（露田）分配给农民，成年男子每人 40 亩，女子每人 20 亩，令其种植谷物，土地不得买卖。另外还分给桑地。农民必须向官府交租服役，农民死后，除桑田外，土地都要归还官府。这样一来，开垦的田地多了，农民的生产、生活比较稳定，北魏政府的收入也增加了。北魏从而由游牧业国，跃进为农业国。此外，改革还推行新的租庸调制。规定一对夫妇每年向政府缴纳一定数量的租调，改革了原来赋税征收上的混乱现象，使农民的负担大为减轻。

推行官吏俸禄制

北魏初年，官俸制度沿用"掠夺制"，官员的俸禄是从战争中掠夺的他人财物。后来国家逐渐安定，官员间贫富差距加大，贪污成风。因此，孝文帝仿效汉人的官吏俸禄制，由国家统一筹集，不许官吏自筹，政府每季定时发薪，以惩治掠夺、贪污行为，此后吏治有所好转。

实行三长制

北魏初年的户籍制度沿用"宗主督护制"。平民百姓大多因为生计依附世家大族，成为宗主的私产。中央政府不但难以收税，平民百姓也多受宗主威迫。孝文帝制定三长制，以五家为一邻，五邻为一里，五里为一党。设邻长、里长、党长，这是北魏基层的行政组织，它的职责是检查户口、征收租赋、征发徭役和兵役。三长制的推行，取代了宗主督护制，健全了地方基层政权，保证了国家对人民有效的控制。三长制配合均田制，计口授田，平均分配土地和牲畜，使黎民百姓安居乐业。

2. 推行汉化政策

革新鲜卑族旧俗，接受汉族先进文化，促进民族团结。主要内容有：迁都、改官制、禁胡服、通汉婚、断北语、改复姓、定族姓。

魏孝文帝为什么实行汉化政策？孝文帝受过良好的汉文化教育，他仰慕汉文化，对汉民族的文化极其崇拜。他从小由祖母冯太后抚养，冯太后曾执掌北魏大权二十多年，她参照汉族的文化制度颁布了许多重要的改革措施，孝文帝在她的熏陶下，成长为汉文化忠实的推行者。

迁都洛阳

迁都是汉化政策最重要的措施。原国都在平城（今山西大同东北），魏孝文帝认为平城偏北，气候恶劣，生产粮食不能满足京城的需要，而且平城很难有效地控制中原地区；而洛阳才是中国正统的国都所在地，也是汉文化积淀深厚之地，以洛阳为国都，名正言顺。作为少数民族的政治家和改革家，孝文帝迁都的举措体现了一代帝王的雄才大略。

迁都洛阳，朝廷中多数是反对的，孝文帝只好说要进行南伐。493年魏孝文帝亲自率领步兵、骑兵30多万南下。从平城出发到洛阳，正赶上秋雨连绵，足足走了一个月，道路泥泞，行军困难。但是孝文帝仍旧戴着盔甲骑马出城，下令继续进军。大臣们本来就不想出兵伐齐，趁着这场大雨又出来阻拦。孝文帝严肃地说："这次我们兴师动众，如果半途而废，岂不是让后人笑话？如果不能南进，就把国都迁到这里，诸位认为怎么样？"大家听了面面相觑，没有说话。孝文帝说："不能犹豫不决了。同意迁都的往左边站，不同意的站在右边。"一个贵族说："只要陛下停止南伐，那么迁都洛阳，我们也同意。"许多文武官员虽然不同意迁都，但是听说可以停止南伐，也都只好表示拥护迁都了。孝文帝把洛阳地方安排好了，又派任城王拓跋澄回到平城去，向那里的王公贵族宣传迁都的好处。后来，他又亲自到平城，召集贵族老臣，讨论迁都的事。平城贵族中反对的还不少，他们举出一条条理由，都被孝文帝驳倒了。贵族大

臣被驳得哑口无言，迁都的事就这么定了。

改官制

即整顿吏制。吏制的败坏不仅激化了社会矛盾，也使统治阶级内部产生矛盾。通过整顿吏制，整肃了官僚机构。同时，采用汉族官制，政权向汉族王朝统治模式转化，从而巩固了封建统治。

禁胡服

即改变衣着，命令人民改穿汉服，不得再穿胡服。

通汉婚

号召鲜卑族与汉族通婚，加强民族融合。孝文帝自己率先娶汉族大姓卢、崔、郑、王四家的女儿为妃；把自己的女儿嫁给汉族大姓，还为自己的5个弟弟都娶了汉族地主的女儿为妻。

断北语

要求鲜卑族改变语言，不再说鲜卑复合语，而须改说单音阶的汉语。认为30岁以上的人，习性已久，说汉语困难，可以缓行。30岁以下以及在朝廷工作的人必须改，否则降级或罢官。

改汉姓、定族姓

鲜卑人的姓氏都要改成汉人的姓氏；迁都到洛阳的鲜卑人，籍贯不得再称代人，须改称河南洛阳人，且死葬洛阳，不得回到北方落地归根。这就绝了代人故乡之恋。如不这样，鲜卑族就无法成为中原士族。

三 改革的意义

促进封建经济大发展

推行均田制和租调制，使许多依附农民成为自耕农，提高了生产积极性，使北方社会农业、手工业、商业有了明显的发展，政府的收入亦得到提高。人口增加，库藏充溢。

通过一系列政治改革，摒弃了鲜卑族的卑劣作风，缓和了统治阶级内部的矛盾。采用汉族官制和俸禄制，学习汉王朝统治模式，整顿吏治，释放奴婢，改善工匠的地位。缓和了阶级矛盾，加强了封建政治统治，是历史的进步。

促进了民族大融合

魏晋南北朝时期的民族融合，大致从晋末十六国开始。十六国时期各少数民族刚进入中原，与汉族有很大的隔阂，各少数民族统治者，均实行民族歧视和民族压迫政策。魏孝文帝统治时，打破了狭隘的民族界限，主动抛弃本民族落后的习俗，学习汉族文化，从而促进了各民族，特别是汉族和鲜卑族的大融合，为中华民族大家庭的发展作出了贡献。

魏孝文帝改革成功的原因有以下几点：

皇帝亲自主持，排除一切阻力。他的改革愿望最强烈，决心最大。因而尽管守旧派势力大，但在皇权威力打击下，保守势力均遭失败。

有一个团结一致的改革领导集团。冯太后、孝文帝、李冲三人

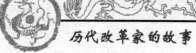

是最高领导核心，还有鲜卑贵族以及汉族地主参与。如高闾提出班行俸禄，李安世建议均田制，李冲提出设立三长制等。

改革逐步深入，先是经济基础，后为上层建筑。先提出均田制，缓和阶级矛盾，再提出班行俸禄，整顿吏制，继而提出汉化政策。改革系列配套，合乎情理，民众容易接受。

北魏农学家贾思勰

我国历史长期处于封建社会阶段，以农为本是其特点。各个时期都有农业科学家总结农业生产经验，写出大量农业专著。贾思勰的《齐民要术》是一部从理论上研究农业的百科全书。解放初，国家就曾确定地认为贾思勰是"我国古代唯一的完全农学家"。

贾思勰，汉族，益都（今山东省寿光西南）人，生活在北朝的北魏和东魏两个朝代（5世纪末6世纪初）。虽然家中并不富裕，但有大量的书籍供他阅读。他入士后，曾任高阳郡（今山东临淄西北）太守，生活工作在黄河流域农业发达的地区，这就给贾思勰的农学研究提供了有利的条件。他到过山东、河北、河南，每到一处都非常重视农业生产。中年后，回到自己的家乡，开始经营农牧业，不断地总结农业方面的经验、教训。

北魏帝国的君主，是北方游牧部落鲜卑族拓跋氏。国人多以畜牧业为生，对农业生产不大重视，但要想统治中原地区，使国家稳定，人民安康，关键还是发展农业。贾思勰认为，国家能否强盛，几乎决定于君主是否重视农业。政府官员要提高对农业重要性的认识。贾思勰是政府官员，有远见卓识，千方百计地抓好农业。

《齐民要术》全书共 10 卷 92 篇，正文大约 7 万字，注释 4 万多字，共 11 万字。内容极为丰富，"起自耕农，终于醯醢（xī hǎi）、资生之业，靡不毕书"。它涉及农、林、牧、副、渔的各个方面，给后人留下了极其宝贵的资料。

农业耕作方面

《齐民要术》书中，关于土壤整治、肥料施用、精耕细作、作物选种、作物栽培等都有详细说明，提倡科学种田。他指出要正视天时、地利和农作物的关系，"顺天时、量地利，则用力少而乐成多，任情反逆，劳而无获"，即"不失农时"、"因地制宜"的道理。他把农作物分为纤维作物、油料作物、染料作物、香料作物、绿肥作物、饲料作物。他对农作物种植的全过程作了系统的总结，对开荒、选种、播种、耕作、保墒、收割、贮藏等方面，都作了详细的说明。还介绍了农产品的加工、酿造、烹调及酒、醋、酱、糖稀制作方法。蔬菜的保存是个大问题，他提供的方法，至今北方仍在使用。

畜牧业方面

《齐民要术》书中，用 6 篇记录了牛、马、鸡、鹅等家畜、家禽饲养方法。贾思勰实事求是，深入到民众中去，虚心向农民学习。

有一年，他养了二百只羊，因为没有贮藏足够的饲料，到了冬季许多羊饿死了。过几天弄来一大堆饲料，都扔在羊圈里，但羊还是不断死亡。后来经人介绍，认识了一位在一百多里地外的有经验的养羊高手，贾思勰便向他请教。老羊倌从羊的选种、饲料的选择、羊圈的卫生及管理方法等各方面介绍了自己的经验，说羊是不吃自己撒过尿、拉过屎的饲料的，贾思勰方才领悟，并将这些经验一一记下。书中还有兽医处方48例，涉及内科、外科、传染病的治疗，直到今天，有的措施仍在采用。

贾思勰实事求是的科学精神，和当时社会追求名利、崇尚空谈的作风迥然不同。他并不迷信古书，战国时期秦国吕不韦写的《吕氏春秋》，对农业问题虽然也谈了不少，但都谈得不透。又如西汉的《氾胜之书》中说，粟的种植要稀一点，贾思勰通过实践发现，如果密植，棵虽然发得小些，但籽粒匀称饱满，米色比较白，比稀植效果要好，于是在《齐民要术》一书中纠正了《氾胜之书》的说法。他广泛搜集民间传播的歌谣和谚语，这些民间经验作为农业生产经验的资料，是十分珍贵的。贾思勰通过实践取得的农业生产经验，在《齐民要术》一书中具体、生动、系统、完整地介绍给人们，不仅鞭策了当时的农业生产，而且对后世的农业生产也起了积极的教育作用。

贾思勰认为，农业生产有一个生产成本问题。发展农业要注重生产成本，要有经济核算思想。贾思勰在书中谈到，首先要按市场条件安排生产，其次要有适当的规模和合理的田间布局，要重视成

本核算和利润的计算。

1020 年，北宋当局曾刻印《齐民要术》发给各地"劝农使"，人们争相传抄。历代编著的农书，无不注意吸取《齐民要术》的精华。英国生物学家达尔文，就受过《齐民要术》的启迪，日本藤原佐世编撰的《日本国见在书目》中也收录了《齐民要术》，欧洲学者也翻译出版了英德版本的《齐民要术》。

贾思勰及其巨著《齐民要术》，是一部有很高科学价值的农学著作，它的内容极其丰富，系统地总结了黄河中下游地区北魏和北魏以前的农业生产技术，初步建立了我国的农业科学体系，是我国乃至世界上保存下来的最早的一部农业科学著作。在我国和世界农业发展史上都具有极高的学术价值，堪称不朽的农业巨著，因而永垂史册。

"南朝第一帝"宋武帝

宋武帝刘裕（363—422年）字德舆，小名寄奴，汉族，彭城县绥舆里（今江苏铜山）人。曾祖刘混，随晋室南迁，客居京口（今江苏镇江）。刘裕出身帝王之后，是汉高祖刘邦的弟弟楚王刘交的子孙。出身宦官世家，但因其父刘翘早逝，家境贫苦，幼年竟沦落为靠卖草鞋为生。他生活的东晋时代，政治十分腐败和昏暗，以致引发了东晋历史上著名的孙恩、卢循等27人起兵反抗晋朝的事件。隆安三年（399年），刘裕在将军刘牢之的军中供职，东晋朝廷派刘牢之镇压叛军，刘牢之请刘裕为参府军事，这是一个地位卑微的

宋武帝

下级官职。但刘裕少有大志，一心想做一番惊天动地的大业，带着如此雄心壮志，从军疆场。刘裕为人机智有谋，勇敢善战，多次克敌制胜，屡立战功。随着在战争中权势日益增强，刘裕最终称帝建朝。他在称帝前后进行了一系列改革，是卓越的政治家、改革家、军事家，刘宋开国之君。

一 刘裕称帝前后的改革措施

1. 军事方面

平定内乱，消灭割据势力

400年，孙恩从浃口（今浙江镇海东南甬江河口）登陆。刘牢之屯上虞，派刘裕守句章城。401年，孙恩攻海盐（今属浙江），刘裕追而拒之，在海盐旧址筑城。城内兵力甚弱，刘裕乃选敢死之士数百人，脱甲胄，执短兵，击鼓而出。义军弃甲而逃，将领姚盛被斩。刘裕又率军奋战大败义军，孙恩知城不可破，乃向沪渎进军。刘裕遂弃城而返，于娄县破义军。6月乘胜沿长江而上，袭取丹徒，拥众10余万，楼船千余艘，军容极盛。11月刘裕迫孙恩至沪渎、海盐，又破之，斩俘以万计。孙恩只行第四次撤回海岛，后被临海太守辛景率军击溃，死亡惨重，孙恩恐被俘，投海自尽。403年，卢循遣司马徐道覆率部再攻东阳，刘裕这时为建武将军，又将其击破，斩其将张士道，后双方展开激战，义军兵败。411年，最后攻击卢循，卢循见大势已去，毒死其妻室，投水自杀。卢循、徐道覆势力被彻底平定。

北伐

晋安帝复位后，刘裕掌握了东晋大权，为了统一大业，决定北伐。409年刘裕从建康出发，先出兵包围了南燕的国都广固（今山东益都西北），南燕国王慕容超着急了，向后秦讨救兵，后秦在北方是比较大的国家，后秦国主姚兴派使者到晋军大营去见刘裕，说："燕国和我们是友好邻国。我们已派出10万大军驻扎在洛阳，你们一定要逼燕国，我们不会坐视不救。"刘裕说："你回去告诉姚兴，我本打算灭掉燕国后，休整三年再来消灭你们。现在既然你们愿意送上门来，那就来吧！"这时，后秦正和一个小国夏国互相攻打，还打了败仗，更谈不上出兵救南燕。没过多久，刘裕就把南燕消灭了。义熙六年（412年），西攻盘踞四川的谯纵，收复巴蜀。405—415年，刘裕消灭南方的各大割据势力，统一南方，实现东晋、南朝史无前有的大一统。

刘裕决定第二次北伐，这次目标是打力量强大的后秦。他派大将王镇恶、擅道济带领步兵，从淮河一带出兵，向洛阳进攻，自己率领水军沿着黄河进军。那时北方鲜卑族建立的北魏，开始强大起来，它的势力已经发展到黄河北岸。北魏在北岸集结了10万大军，威胁晋军。刘裕的水军沿着黄河前进，风猛水急，晋军的船只被水冲到北岸，受到魏兵的攻击。刘裕派水军上北岸去打魏军，魏兵就逃，等晋军回到船上，他们又在北岸骚扰，弄得晋军来回奔跑，没法顺利进兵。

大摆"却月阵"

刘裕派了一个将军带了 700 兵工、100 辆兵车登上北岸，沿岸摆开一个半圆形的阵势，两翼紧紧靠着河岸，中间鼓出，当中一辆兵车上竖了一根白羽毛。因为这种布阵形状像个月钩，所以名叫"却月阵"。魏军远远观察着晋军的布阵，不懂是什么意思，也没敢动。一会儿，只见中间军车上有人举起白羽毛，两侧就涌出了两千名士兵，带着 100 张大弓奔向兵车。魏兵看着这个阵势觉得也没什么大不了的，就集中 3 万骑兵向河岸猛攻晋阵。晋阵 100 辆兵车上弓箭齐发，但挡不住魏兵。没料到晋军在"却月阵"后面，另外布置好了 1000 多支长矛，装在大弓上。这种长矛约有三四尺长，矛头特别锋利。魏军正向晋军猛攻的时候，晋军兵士们就用大铁锤敲动大弓，那长矛往魏军飞去，每支长矛射杀魏兵三四个。3 万名魏兵一下子就被射死了好几千。其他魏兵不知道晋军阵后还有多少种武器，吓得抱头乱窜，全线崩溃。晋军乘机追击，杀死大批魏兵。刘裕打退了魏军，打通了沿黄河西进的道路，顺利西进。义熙九年，秦姚兴病逝，姚泓继位，兄弟相残，关中大乱。王镇恶和檀道济带众多步兵，已经攻下洛阳，在潼关和刘裕水军会师。义熙十三年（417 年），刘裕攻克长安，灭后秦。王镇恶等人留在长安，刘裕自己带兵回到南方。过了几年，晋安帝死去，刘裕认为时机成熟，就派人劝说刚刚即位的晋恭帝让位（司马德文禅让），刘裕受封为宋王，元熙二年（420 年）即皇帝位，国号大宋，改元永初。东晋王朝在南方统治了 104 年，这时灭亡了，中国开始进入南北朝时期。刘宋初年，因刘裕在晋朝末期，收复北方的青、兖、司三州，大致拥有黄河以南的广大地区。成为东晋南朝时期，疆域最大，实力最强，经济最发达，文化最繁荣的一个王朝。

战术上的创新

刘裕在战术上敢于创新，既能发挥自己的优势，又巧妙布阵，利用优势弥补劣势，使"却月阵"成为一个前无古人后无来者的战术，充分显示了卓越的军事才能。在战术革新上，刘裕吸取了早期阵法的不足，大胆地将水军用于阵中，利用水军的优势来克制骑兵，开创了战术史上的新篇章。在战术指挥上，他采取弧形方式列阵，增加抵抗能力，又将弩、槊（shuò）有机地结合起来，增强杀伤力。在兵力配合上，他将几个兵种结合起来，协同作战。以水军为后援，以战车列阵御敌、以步兵杀伤敌人，再以骑兵发起追击。在作战指导上，他适时选择战机，利用魏军的挑衅，做到"临境近敌，务在厉气"，十分巧妙地选择战场，使自己能够安全占据制高点。利用阵中士卒的心理，将其置之死地，以绝士卒后退之心；抓住敌人迟疑之机，迅速派兵跟进布阵；利用魏军人多势众的心理示弱纵敌，取胜后又及时派兵增援，适时发起反击。在整个作战过程中，刘裕部署周密，水陆各军配合密切，谋略运用完美，战术使用得当，使强大的魏军铁骑无机可乘，处处被动，堪称战术史上的奇迹。

2. 政治方面

整顿吏治

刘裕当时罢掉或处死的官吏，有许多是士族或皇族出身。他的亲信、功臣有"纵横贪侈，不衅政事"的，他也严厉惩罚，甚至处死。421年，他为减轻人民的负担，规定"荆州府置将不得过2000人，吏不得过1万人；州置将不得过500人，吏不得过5000人。兵士不在此限"（《宋书·武帝本纪》）。由于东晋末年置官滥乱，给人民带来沉重的负担，刘裕及时对此进行制止。

重用寒人

东晋时期，中央和州郡的大权一直掌握在王、谢、庾、桓四大家族手中。选拔官吏，主要依据门第。所谓"下品无高门，上品无贱族"。选出的官吏多是无德无才之辈。刘裕掌权后，下令改变这种状况，要求按九品中正制初置时的精神选拔人才。他重用出身"寒微"的人，如刘穆之、檀道济、王镇恶、赵伦之等。

3. 经济方面

轻徭薄赋

刘裕下令严禁地方官吏滥征租税、徭役，规定租税、徭役都以现存户口为准。凡是州郡县的官吏利用官府之名占据屯田、园地的，一律废除。凡官府需要的物资，"与民合市"，照价给钱，不得征调。还减轻杂税、徭役等。

抑制豪强兼并

刘裕对政治经济的改革，进一步打击了腐朽、黑暗的贵族、士族势力，改善了政治和社会状况，对劳动人民的痛苦亦有所减轻。刘裕吸取前朝士族豪强挟主专横的教训，抑制豪强兼并。对士家大族隐藏户口的，严厉清查，还禁止豪强封固山泽，乱收租税。人民可以任意樵采捕捞。

刘裕个人奉公廉洁，开明大度，生活俭朴。史书称他"清简寡欲，严整有法度，未尝试珠玉舆马之饰，后廷无纨绮丝竹之音"，"财帛皆在外府，内无私藏"（《宋书·武帝本纪》）。其简朴至此，以致后代子孙刘骏称其为"田舍翁"。416年，刘裕北伐后秦时，宁州人献琥珀枕，光色甚丽，刘裕知琥珀能治伤，便将琥珀枕捣碎分给将士。刘裕灭后秦后，得姚兴从女，刘裕对她非常宠爱，几乎误了政事。后来谢晦谏说此事，刘裕马上将其赶走。宋台建好后，有人上奏要把东西堂施局脚床，银涂钉。刘裕认为浪费，只同意用直脚床，钉铁钉。他睡的床，床上挂的是土布做的帐子，墙壁上挂着布做的灯笼，麻绳做的拂衣扫把。为告诫后人，他命人将年轻时耕田用的耨（nòu）耙之类的农具藏入宫中，以便后人知稼穑之艰难。

刘裕在位仅三年，于422年在建康去世，终年60岁，谥号宋武帝，葬于初宁陵（南京紫金山）。

他对江南经济的发展及汉文化的保护发扬有重大贡献，被誉为"南朝第一帝"。

隋朝李春建造赵州桥

隋朝（581—618 年），经历 37 年的统治，前后仅两代，是我国历史上存在较短的朝代之一。

隋朝统一中国后，发展经济，修建道路、桥梁，都提到日程上来。当时的赵县是连接南北交通的必经之路。为此，隋大业元年（605 年）隋朝决定在洨（xiáo）河上建设一座大型石桥，即日后的赵州桥。赵州桥的建造有这样的故事：隋朝开挖大运河时，其中通济渠一带由一个叫麻胡子的人负责，此人特别贪财。他听说陈留（今河南开封）境内有一座西汉张良庙，庙内藏有一双玉璧，价值连城，就亲自带人去抢到手中，麻胡子爱不释手地赏玩这双玉璧，这时他手下有个名叫钱松的小监工走进来禀报："总管大人，外边有一个叫李春的，自称有修桥技术，要求见总管大人。"麻胡子恼恨钱松扫了他的雅兴，便怒骂道："你瞎了，没见我忙着吗？况且当今圣上让挖河，你找个修桥的来干什么？滚！"钱松被骂了一顿，心里窝火，又想到麻胡子抢了张良庙的宝物玉璧，料定他没有好下场，跟着他怕日后受牵连，就动了跑回家的念头。一眼看见还在营外的李春，便对他说道："李师傅，麻胡子凶狠，我早就不想跟他一起欺压百姓了，你也别跟着他，正好我们家乡有条河，水流很急，乡亲们几次建桥都没建成。你有修桥技术，不如去帮我们，也为百姓做件好事吧！"李春心地善良，为人耿直，一听此言，当即表示同意。天黑以后，二人就偷了两匹马，骑着离开大营，向钱松的家乡——赵州（今河北赵县）逃去。赵州的百姓听说钱松带回来一个会修桥的师傅，都十分高兴。原来赵州有一条洨河，水流湍急，乘船过河，常因水急而翻船。当地百姓也修过许多次桥，都因不坚固，被水冲垮了。李春听到乡亲们介绍的情况，立刻到河边察看地形，又亲自选了石料场，连夜画出了桥的图纸。一个大拱洞的两肩上还各有两个小拱洞，众人不明白，李春耐心地解释："这桥身下面的大拱洞可以通过平时的河水，上面两侧各有两个拱洞，一是美观，二是在汛期和山洪暴发水位增高的时候，起到泄洪的作用，同时减轻河水对桥身的冲击力，使石桥的寿命延长。"就这样，李春负责设计和大桥的施工，成为赵州桥的技术总指挥。

　　李春是隋代著名的桥梁工匠，但他的生卒年月没有记载，其事迹是从赵州桥的"铭文"中得知。"铭文"中有记："赵郡洨河石桥，隋匠李春之迹也。制造奇特，人不知其所以为。"赵州桥是安济桥的俗称，它位于今河北省赵县城南5里的洨河上，横跨洨河南北两岸，

是我国现存最早的大型石拱桥，也是世界上现存最老、跨度最长的敞肩圆弧拱桥。大桥全长64.40米，宽9米，主孔净跨度为37.02米。所谓敞肩，即桥的两端肩部不是实的，两端各有二个小孔，故称敞肩型。没有小孔的称满肩或实肩型。整座桥全部用石块建成，共用石块1000多块，每块石头重达1吨。桥上装有精美的石雕栏杆，雄伟壮丽。桥的望柱、栏板上的图案雕刻细腻，刀法苍劲有力，布局灵活多变，堪称隋唐时期雕刻艺术之佳作。

赵县是交通要道，从这里北上可抵重镇涿郡（今河北涿州市），南下可达京都洛阳，交通十分繁忙。可是这一交通要道却被城外洨河所阻挡，影响了人们的出行。每到洪水季节，更无法通行。李春对两岸地质情况进行了实地考察，并认真总结了前人的建桥经验，结合本地情况提出了设计方案。李春设计的大桥，一改传统多孔的形式，在河心不立桥墩，使石拱跨径长达37米多，靠近大拱的净跨为3.8米，另一个拱的净跨为2.8米。这是当时的一个创举。李春设计了扁弧形拱桥，没有采用常见的半圆形。拱高与跨度的比例大约是1比5。这样桥面坡度平缓，便于车马行人往来。半圆形拱桥，坡度大，有危险。另外，敞肩型大桥的优点：一是省料，减轻桥身自重（据计算：四个小拱可省石料260立方米左右，减轻桥身自重700吨）；二是增加洪汛季节的泄洪能力，减少洪水对桥的冲击力，四个小孔可增加过水面积16%左右；三是均衡对称，符合结构力学的理论，体现建筑艺术的完整统一。

赵州桥的建筑技术十分高明。一是桥址选择合理，桥基稳固。

李春选择洨河边一片密实的粗砂层，作为大石桥的天然地基，上面覆压五层石料，砌成桥台，拱面就砌在桥台上面（根据现代验算，密实粗砂层每平方厘米能够承受 4.5—6.6 公斤的压力，而赵州桥对地面压力是每平方厘米 5—6 公斤）。因为大桥建筑在坚实可靠的基础上，尽管地基很浅，构造也很简单，仍然能够承受住大桥载荷。据测量，自建桥到现在大桥桥基仅下沉了 5 厘米，这说明桥址选择非常符合科学原理。二是桥的结构坚固，为了加强各道拱券间的横向联系（门洞之类建筑叫券），防止两侧拱石向外倾斜，李春采用多种措施，使桥的结构异常坚固。三是桥的施工、修缮方便，就地取材。

赵州桥距今已 1300 多年，经历了 10 多次水灾，8 次战乱和多次地震，1966 年发生的邢台 7.6 级地震，距赵州只有 40 多公里，而赵

赵州桥

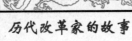

州桥却没有被破坏。它比欧洲 19 世纪兴建的同类拱桥早 800 多年。它以首创的敞肩拱结构形式、精美的建筑艺术和施工技巧等杰出成就，在中外桥梁史上令人瞩目，充分说明我国古代劳动人民在桥梁建筑方面的聪慧才智。李春这样杰出的建筑家，对我国桥梁工程技术作出巨大贡献，将永载中外桥梁建筑史册。

1961 年，赵州桥被国务院列为第一批全国重点文物保护单位。1991 年，美国土木工程学会将赵州桥选定为第 12 个"国际历史上土木工程里程碑"，并在桥北端东侧建造了"国际历史上土木工程古迹"纪念碑。

隋文帝的政治体制改革

　　隋朝虽是短暂的朝代，但隋文帝的改革无论在政治、法律、经济、文化上都有重大意义，对各代影响深远。杨坚（541—604 年），弘农华阴（今陕西华阴东）人。杨坚是名人之后——东汉大清官杨震的第 14 代孙，杨家从魏晋到南北朝都是大夫家庭，祖上有权势。连续几朝的大户人家出身，使得他一直生活在高层家境中。父亲杨忠是北朝西魏中央军的大将军，在建立北周过程中因战功卓著，被提拔为柱国、大司空，后被封为随国公。

一　杨坚的生平

　　杨坚自幼上的就是王公子弟贵族学校，受到良好的教育。自小表现出非凡的才能，得到朝廷组织人事部门的赏识，加上自身祖荫深厚，少年得志的杨坚一进政坛，就扶摇直上，连连升官。他 14 岁

进入国家机关，15岁就被授予散骑常侍、车骑大将军，仪同三司，后又任功曹、骠骑大将军，开府仪同三司等职。19岁从中央机关调到地方，被任命为随州刺史，几年后，杨坚娶了大将军独孤信的女儿为妻，这就是后来的独孤皇后。因为独孤家族比杨氏家族的势力要强大得多，加上独孤皇后个性强，杨坚算得上历史上有名的惧内皇帝了。据说因为和皇后吵架，杨坚曾出走到深山中，几天后才回来。父亲杨忠死后，杨坚又继承父亲爵位，成为地位更高的随国公，俨然是一国之中年轻有为的政治新星。北周宣帝时，他成了皇帝的老丈人，并以此资格进一步晋升为上柱国、大司马，享有极高的名誉威望。579年周宣王死后，皇帝近臣与杨坚密谋让年仅8岁的皇子宇文阐即位，是为周静帝，杨坚入宫辅政，任左大丞相。杨坚从此总揽北周军政大权，总督内外军事。周静帝当了不到一年的皇帝，便宣布禅让，杨坚从女婿那接过帝位，定国号为隋。为什么为隋呢？因为他是从继承父亲随国公爵位起家，进而自称"随王"。后感到"随"字有走的意思，不吉利，恐江山不固，于是将"随"字改为"隋"。杨坚未动武力，和平地立朝开国，这是历史上罕见的。隋朝建立，定都长安，取年号为开皇。589年隋文帝完成了南北统一，结束了自西晋末以来延续近300年的分裂局面，中国历史进入一个新的阶段。

从开皇元年（581年）开始，隋文帝即着手一系列的改革。

二 确立三省六部制度

废除不合时宜的北周六官制，基本上确立了三省六部制度，以利于加强中央集权。三省：即尚书省、门下省、内史省。这三省的正副长官，即尚书省的令、仆射。门下省的纳言、内史省的监、令，都是宰相。内史省负责起草并宣行皇帝的制诏；门下省负责审查内史省起草的制诏，和尚书省拟制的奏抄；尚书省是国家最高行政机关。三省都是最高政务机构，分别负责决策、审议和执行。除三省外，又设秘书和内侍二省，负责图书修撰及宫内供奉等事。另设御都水二台，负责监察和水利。

六部。尚书省下设：吏、礼、兵、都官、度支、工等六部，尚书令与左右仆射及六部尚书合称"八座"。583 年，改度支为户部，都官为刑部，即吏、户、礼、兵、刑、工六部。每部设尚书，总管本部政务。

九卿。有御史台和太常、光禄、卫尉、宗正、太仆、大理、鸿胪、司农、太府等九卿。

至此，三省六部制不仅加强了中央集权，而且开创了中国封建社会政治体制的新阶段。

实行州县两级制。隋初杨坚在确立了三省六部的中央机构后，又对地方机构进行了改革。南北朝以来，地方纷乱，各自为政，州郡县三级政区极其混乱。统治者为了让自己的亲戚朋友能当官，不惜滥增行政机构。地无百里，数县并置；户不满千，二郡分领。至隋初，全国竟有 241 个州，608 个郡，合计有 2373 个县行政建制。鉴于这种民少官多、十羊九牧的弊病，本着存要去闲、并小为大的原则，隋文帝于开皇三年，大刀阔斧进行机构改革。杨坚接受河南道

行台兵尚书杨尚希的建议，废郡改为州、县两级制，州设刺史，县设县令，各地方简化行政机构。官吏的任用权一概由吏部掌握，禁止地方官就地录用僚佐。通过废郡，实行州县两级制，以州辖县，把州县制恢复为秦汉的郡县制。至隋炀帝时，全国已精简地方机构达40%。仅存州190个，县1255个。这不但节省了国家的开支，减轻了百姓的负担，而且提高了行政效率，加强了中央对地方的控制。隋文帝建立的这一整套规模庞大、组织完备的官僚机构，表明封建制度已发展到成熟阶段，自隋定制，一直沿袭到清朝。

三　制定《开皇律》

隋文帝下令，制定了对后世法律影响深远的《开皇律》，为维护地主阶级利益确立了法律依据。

废除酷刑

《开皇律》分为十二篇。《名例律》规定判刑的名目只有五种：

隋文帝

死刑，流刑，徒刑，杖刑，笞（chī）刑。为了缓和阶级矛盾，修订《开皇律》时，废除了以往酷刑。如枭（xiāo）刑——斩首悬于木杆上、镮刑——车裂、宫刑——破坏生殖器，且一概不用灭族刑。同时减省了一些刑律：减去死罪八十一条，流罪一百五十四条，徒、杖等罪千余条，共保留五百条。对犯人处理采取审慎态度，而不是草菅人命，有效地防止了冤案的发生。文帝对法律的改革，是维护封建统治阶级利益的，但刑律减轻了对犯人的残酷和野蛮性，在中国法制上具有划时代的意义。

贵族、官僚有法律特权

明文规定贵族、官僚享有法律特权。凡在议亲、议故、议贤、议能、议功、议贵、议勤、议宾，即所谓"八议"范围内和七品以上官吏，犯罪都可减罪一等。九品以上官吏犯罪可以用钱来赎罪。

四　颁布各项重要措施

隋文帝采取了许多经济措施，以巩固其统治。

颁布均田和租调制

隋初，在北齐、北周均田制的基础上，继续实行均田制。均田令规定：丁男、中男受露田（种植五谷）80亩，永业田20亩，妇女受露田40亩，奴婢5口人给1亩。永业田不归还，露田受用者死后归还。对一般农民采取轻徭薄赋、鼓励农桑的政策，对于豪强贵族兼并土地的行为则给予打击，以保证农民的正常生产，从而提高了农民劳动生产的积极性。均田制实行后，国家可以控制更多的劳动力，增加赋税收入。隋文帝还颁布了租调的新令；下令将百姓成丁年龄由十八岁推迟到二十一岁。丁男服役期限一个月减为二十天；户调绢，由一匹（四丈）减为二丈；丁男满五十岁，免役改庸等。这些规定减轻了农民负担，使农民有更多时间从事农业生产。

整顿府兵制

为加强中央对军队的控制权，文帝改变了西魏、北周的府兵制。按府兵制，士兵另立户籍，完全脱离生产，实际就是地方豪族的武装，统兵权不归中央。隋文帝改变了这种情况，规定军人户籍属州县管理。平时参加生产，兵农合一化，使府兵制和均田制结合起来。既保证了国家的兵源，又加强了对农民的奴役和控制。中央政府设立十二卫，各卫设大将军，为府兵最高将领，归皇帝统管，加强了封建国家对军事机构的直接控制权。

设置粮仓

隋文帝时所设之仓可分为两种，即官仓和义仓。官仓的粮储，用以供养军公人员。设置官仓的目的，即在增加关东漕运的效率，也就是把原来关东各州对京师个别直接的输粮办法，改为集中和分段运输的办法。并在黄河沿岸设置米仓，先把关东各州的食粮集中在这些仓里，然后利用黄河及广通渠运到京师。因此，时间及人力、物力都节省不少，据唐朝人的估计，文帝末年，诸仓所存的食粮，已可供政府五六十年之用。义仓又称社仓，设置于乡间，其储粮由人民捐纳，以备饥荒时赈济灾民。百姓、军人捐出的粮食，存入当地的社仓里，由社司专营账目和储存等事宜。如遇到收成不好发生饥馑之时，便以当地社仓中的储粮赈济饥民。并规定民户捐粮于社仓的标准："上户不过一石，中户不过七斗，下户不过四斗。"义仓之设，对人民生活来说，自是一项有力的保障。

建立了科举制度

起初，隋文帝命令各州每年推选三个文章华美、有才能的人到中央受官，后来隋文帝又下令，京官五名以上，地方官部管刺史，要由有德有才的举人担任；到隋炀帝时，定十科举人，开设进士科，以考试赋诗为主，选择文才秀美的人才，这标志着科举制度的产生。科举制度的创建，重才学而不重门第，削弱了门阀大族世袭的特权。这种"任人唯贤"的改革，对后代影响很大。隋文帝所进行的一系列改革措施，对削弱地方豪强势力，加强中央集权起了积极作用。隋文帝统治后期，国家富足强盛，编户大增，仓储的丰实为历代所罕见，全国安宁，南北民众得以休息，社会呈现空前繁荣景象。后人把隋文帝的改革誉为"开皇之治"。隋文帝所创隋制，为唐以后各朝所遵循，在历史上做出了重大贡献。

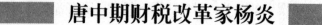

唐中期财税改革家杨炎

唐朝（618—907年），是由唐高祖李渊建立起来的强大的王朝。它与汉朝同成为中华民族中兴的两个时代，并以其前所未有的辉煌与繁荣，开创了中国的新纪元。唐朝经历289年的统治。

一　唐朝简史

隋朝末年，当隋炀帝四处攘乱之际，驻守太原的唐国公李渊率大军进军关中，并于618年称帝建国，年号武德，建都长安，开启了李唐王朝的统治。李渊登基后立即着手消灭其他各部反隋势力。先后击败上邽（guī 今甘肃天水）的薛举、薛仁杲（gǎo）、洛阳的王世充、河北的窦建德等，实现了统一大业。626年李渊次子李世民在大臣尉迟敬德、段志玄、长孙无忌等人的帮助下于626年6月发动了"玄武门之变"，诛杀了与自己对立的太子李建成及三弟李元吉，进而迫使其父李渊退位。同年8月李世民在大多数朝臣、武将的拥护下即皇帝位，改年号贞观，是为历史上著名的唐太宗。

贞观二年，太宗命兵部尚书大将李靖讨伐突厥，大获全胜。从此消除了西域各族对中原的威胁。同时唐太宗启用贤能人士，由魏征、高士廉、房玄龄、杜如晦、长孙无忌等人为相，辅助处理国家政事。通过一系列的政治、经济、文教等方面的改革，使大唐帝国空前繁荣，史称"贞观之治"。

贞观二十三年（649年），太宗驾崩，李治即位，年号永徽，是为唐高宗。高宗统治期间，仍有贞观的遗风。655年，高宗立武则天为皇后，此后，武则天开始临政。弘道元年（683年）高宗病逝，李显即位，是为中宗，后为武则天废，又立李旦，庙号睿宗。天授元年九月，67岁的武则天宣告"革唐命"，改国号为周，正式称帝，成为历史上唯一的一位女皇帝。武则天在位期间，将唐朝的政治、经济的发展又向前推进一步。她大力发展农业生产，曾亲撰《兆人本业记》农书，为唐朝物质财富的积累创造了条件。但武则天统治末期，她宠信佞（nìng）臣，深为大臣不满，神龙元年，由宰相张柬之等发动政变，迫使武则天退位，中宗李显复位，从而结束了武则天统治的历史。中宗昏懦无能，致使皇后韦氏与安乐公主弄权，毒死李显。李旦之子李隆基击败了韦后集团，李旦即位，后禅位给李隆基改元开元，是为唐玄宗。玄宗是唐代继李世民之后，又一位开明国君。开元年间，玄宗对政权做了重大调整，分全国为十五道，

改革官制和兵制，大力发展经济，改革税制，兴修水利，使全国出现了前所未有的繁荣景象。至此，中国在世界同时代的国家中已成为鼎盛帝国，史称"开元盛世"。由于没有内忧外患，经济得到空前发展，人民安居乐业，丰衣足食。

唐朝安史之乱后，政治动荡，经济濒临崩溃。是时，唐德宗任用杨炎为宰相，大胆革新，欲重振大唐雄风。

二 杨炎及财税改革

杨炎（727—781年），字公南，陕西凤翔天兴（今陕西凤翔）人。自幼享有盛名。初为河西节度掌书记，拜起居舍人，历礼部郎中，迁中书舍人。其文笔受到朝士的赞许，大历九年（774年）升为吏部侍郎，与当时宰伯元载有戚谊，又受到元载的赏识和提拔。大历十二年（777年），元载得罪被杀，杨炎也遭到牵连，被贬为道州司马。十四年，唐德宗李适即位，崔佑甫推荐杨炎，认为其可以重用，因而杨炎从贬所被召回，出任宰相，在全国推行"两税法"。

唐中期天宝十四年（755年）爆发了"安史之乱"，历时8年。在社会、政治大动乱中，赋税征敛也随之紊乱，财政经济上存在的主要问题是受田不足和完全丧失土地的农民无力负担租庸调和杂役，占田千亩、万亩计的地主积谷无算，却只负担微不足道的丁课，唐王朝财源枯竭，却无法按旧税制将那些"积谷翁"的正税收上来，在正税失灵，官禄兵饷日增的条件下，统治者对人民横征暴敛，苛捐杂税繁多，民不堪命。破产的农民大量转化为逃户和浮客，或流散死亡。地主豪绅兼并土地严重，藩镇有独立的财权，并任意截留中央赋税。租庸调制（即田租、力庸、户调三种赋税的合称）无法执行，废除均田制和租庸调制，进行财税改革势在必行，杨炎提出两税法。

1. 两税法实行的原因

均田制、租庸调制被破坏

土地大量被兼并，土地所有形式转到大地主豪强手里，国家控制的土地越来越少。均田制是按丁男给田一顷，但农民受田不到50亩。租庸调以"人丁为本"，农民受田不足，赋税担子不能减少。受田不足，均田不均，租庸调也无法存在。

赋役负担加重，农民大量逃亡。贫困的农民卖掉土地，远走他乡。农民逃亡后，其负担分摊到其他农户，即所谓"摊逃"。"摊逃"结果往往是农民死亡或更多地逃亡。

藩镇割据截留中央赋税

国家租庸调收入锐减，支出繁多，财政陷入困境。"安史之乱"后，社会经济遭到严重破坏，土地荒芜，人口减少，户籍损耗，租庸调收入极为有限。各地节度使在内地各占一方，形成藩镇割据，任意截留中央赋税。

2. "两税法"的主要内容

维护国家公赋收支独立的原则

唐代的国库称左藏库，皇帝私库称大盈内库，原来这两库是分开的。唐肃宗乾元元年（758年），第五琦任度支盐铁使，将财政收

入全部纳入大盈内库,由宦官掌管。这种天下公赋为人君私藏的情况持续了二十多年。杨炎向唐德宗提出,国家的收入仍归左藏库,每年从中提出一定数量交盈内库,充作宫中经费。这样就恢复了国家公赋与皇帝私藏分管的制度,维护了国家公赋收支独立的原则。

政府"量出制入",根据支出额度确立征税额度,一改过去一直"量入为出"的财政制度,确定全国税额,然后摊派各地征收。

课税主体不分原住民和移民,一律按现行居住地立户籍,于所在地纳税,租庸调和所有税费全部废除。除两税外,严禁另立名目征收其他税费,否则以"枉法"论处。流动商人在经营所在地收1/30的税。鳏寡孤独者免征。

课税标准变按丁纳税为按资纳税

不分丁男、中男都"以贫富为差",即按拥有土地和财产的多少来纳税,"资产少者则其税少,资产多者则其税多"。根据每家资产多少定出不同等级的户,确定应该缴纳的"户税",再根据拥有多少土地,征收"地税"。各地田亩数字,大致以代宗大历十四年(779年)的数字为标准进行征收。"两税法"征税对象是资产,实际是把官僚、士绅和富商等都变成纳税户,从而扩大了税源。从按"丁"保证的租庸调改为以资产定户等,按户等征两税,这是唐代税收改革的一大进步,对后世影响很大。

纳税期限

每年分两次纳税,"夏税"在6月之前缴纳,"秋税"在11月之前缴纳。正因如此,所以名为"两税法"。两税一律用钱缴纳,个别情况也可折收实物。

三 "两税法"实行的历史意义

"两税法"简化了税目，减轻了人们纳税的负担，使赋税相对稳定。唐朝中期以来，极端混乱的税收制度得到了统一。从制度上杜绝了官吏从中作弊、摊派的可能。

"两税法"扩大了税源，实现了从"以丁为本"向"以资为宗"的转变，改变了自战国以来，以人丁为主的赋税制度。以资为宗，不以丁身为本，也表明封建统治政府对人身控制有所放松。

"两税法"公平了赋税，改变了原有纳税制度中种种不合理的措施，改善了人民的生活。"两税法"的实施，在唐朝历史上开了一次极其重要的赋税改革的先河，对中国两千多年的封建社会经济史具有划时代的意义。

唐朝的百日维新 —— 永贞革新

王朝在经历了唐太宗的"贞观之治"、武则天的贤能治世和唐玄宗的"开元盛世"之后，其政治军事的强大、经济的繁荣达到了顶峰。但在这辉煌强盛的背后，隐藏着巨大的危机。安史之乱使唐朝几乎灭亡，从此江河日下，唐王朝的政治一统，被藩镇割据所取代；神圣的王权转到宦官手中，形成宦官专政的局面。这两个恶疾附着在唐王朝身上，难以根除。唐中期以后皇帝多是庸人，虽然有个别皇帝曾在一些朝臣的帮助下，试图清除这两个恶疾，但终因它根深蒂固，难以根除。唐顺宗时期的"永贞革新"就是一次失败的政治改革。"永贞革新"发生在唐顺宗时期永贞年间，由官僚士大夫发起，以打击宦官势力为主要任务，历时百余日，故称百日维新。改革被扼杀后，唐朝政治更加黑暗，从此，唐朝又创下了一个恶例，每个皇帝都把自己任用的人当作私人。新继位的皇帝对前帝的私人，不论其为政有何是非功过，一概予以驱除。宦官拥立皇帝，朝臣分成朋党，本来就有相沿成习的趋势，在唐宪帝以后，都开始表面化了。

一　改革的背景

宦官专权

宦官是皇帝身边的奴仆，是伴随封建专制制度而产生的。宦官人数众多，成分亦复杂，多是来至社会下层。由于他们的肉体受到残害，心理状态也很异常。众多的宦官集中在宫内，很容易结成集团。唐朝前期，宦官数量不多，地位也很低，无权过问军政大权。到唐玄宗时，出现宦官擅权现象。开元、天宝年间，宦官激增到3000人，仅五品以上的宦官就有1000人，由于人数的增多，宦官的权势亦增强。宦官高力士尤其被重用，玄宗还委派宦官任监军，出使藩国。安史之乱后，唐肃宗得到宦官的帮助，就更加信任宦官，并把军权交给宦官。他任用李辅国掌握禁军，保护朝廷。朝廷所有制度，须经他押署才能实行。到唐德宗时，德宗刚愎自用，猜忌大臣、宿将，将国家重大权利交给宦官。德宗设护军中尉二人，中护军二人，全由宦官充内枢密使，掌管机密传宣诏旨。他们有权任免将相，地方的节度使也多从禁军中选任。宦官有了武力作后盾，地位更加巩固。宦官势力日渐膨胀，恣意骄横。皇帝和朝臣都要受到宦官的支配，因而引起皇帝、朝臣和某些官僚士大夫的不满。

藩镇残余势力仍强大

安史之乱被平定后，安史余部并没有被完全消灭，唐玄宗为了取得暂时的安定，把仍有较大实力的安史部将，任命为节度使，同时在平定安史之乱的过程中，唐朝对内地掌兵的刺史，也给以节度使的称号，这样，节度使不仅数量多，而且都有一定的军事实力。大的占有十余州，小的也有三四州。他们自己任命官员，掌握本地赋税收入。节度使死了，父死子继，或由部将拥立，完全独立于唐朝政治体制之外。平时互相攻战，强大时就向唐王朝发难，严重威胁唐王朝的安全。

"二王刘柳"革新集团

永贞元年（805年）正月，唐德宗死，太子李诵即位，这就是唐顺宗。他在东宫20年，比较关心朝政，从旁观者的角度，对唐朝政治的黑暗有深切的认识。唐顺宗即位时已得了中风不语症，但还是立刻重用他的东宫旧臣王叔文、王伾等人进行改革。王叔文，越州山阴（今浙江绍兴）人，王伾杭州人。原先都是顺宗在东宫的老师。他们常与顺宗谈论唐朝的弊政，深得顺宗的信任。在顺宗即位后，他们和彭城人刘禹锡、河东人柳宗元等人一起，形成了以"二王刘柳"为核心的革新派集团。他们维护统一，主张加强中央集权，反对宦官专权。王叔文、王伾升为翰林学士，参与朝廷大政的决策。王叔文兼盐铁副使，引用韦执谊为宰相，柳宗元为礼部员外郎，刘禹锡为屯田员外郎，共同筹划改革事宜。他们围绕打击宦官势力和藩镇割据这一中心进行了一系列改革。

二 改革的主要内容

罢宫市和五坊使

唐德宗以来，宦官经常以为皇帝采购物品为名，在街市上公开抢掠，称为宫市。宦官们选中所需的物品后，只给商贩十分之一的价钱，强行带走货物。宫市交易，害得很多商贩倾家荡产，令正直之士切齿。后来宦官们索性直接到大街上察看，发现满意之物，不给钱就拿走。这种交易方式被称做"白望"。另外，当时还有"五坊小儿"会把一张网布于巷口、门口、井口。人们想出门办事或取水饮用，就得向五坊交纳费用。早在顺宗做太子时，就想对德宗建议，取消宫市。当时王叔文害怕德宗怀疑太子收买人心，而危及太子的地位，所以劝阻了顺宗。永贞年间，宫市制度被取消。充任五坊（即雕坊、鹘坊、鹞坊、鹰坊、狗坊）小使臣的宦官，也常以捕贡奉鸟雀为名，对百姓进行讹诈。五坊使也被取消。这两项弊政被取消，人心大悦。

取消进奉

节度使通过进奉钱物，讨好皇帝，有的每月进贡一次，称为月进；有的每日进奉一次，称为日进。后来州刺史，甚至幕僚也都效仿向皇帝进奉。德宗时每年收到的进奉钱多则 50 万缗，少则 30 万缗。贪官们以进奉为名，向百姓搜刮财物。革新派上台后，通过唐顺宗下令，除规定的常贡外，不许别有进奉。

打击贪官

浙西观察使李锜，原是兼任诸通转运盐铁使，乘机贪污，史书称他"盐铁之利私于私室"。王叔文当政后，罢去他的转运盐铁使之职。京兆尹李实是唐朝皇族，封为道王，专横残暴，贞元年间，关中大旱，他却虚报为丰收，强迫农民照常纳税，逼得百姓拆毁房屋，变卖瓦木，卖粮食纳税，百姓恨之入骨。王叔文等罢去贪官京兆尹李实的官职，贬为通州长史，百姓非常高兴。这些改革都具有进步性。

打击宦官势力

裁减宫中闲杂人员，停发内侍郭志政等 19 人的俸钱，这些都是抑制宦官势力的措施。革新派还计划从宦官手中夺回禁军兵权，这是革新措施的至要，也是关系革新派与宦官势力生死存亡的重要步骤。革新派任用老将范希朝为京西神策诸城镇节度使，用韩泰为神策行军司马，以图逐步收夺宦官的兵权。宦官发现王叔文在夺取他们的兵权，于是大怒说："如果他的计划实现，我们都要死在他的手下。"同时立刻通知神策军诸军，不要把兵权交给范、韩二人。这个重要步骤未能实现。

抑制藩镇

剑南西川节度使韦皋，派刘辟到京都对王叔文进行威胁利诱，想完全占有剑南三川（剑南西川、东川及山南西道合称三川），以扩大割据地盘。王叔文拒绝了韦皋的要求，并要斩刘辟，刘辟狼狈逃走。此外，王叔文等还放出宫女 300 人、教坊女乐 600 人还家，与家人团聚。

"二王八司马"革新失败

从这些改革措施看，革新派对当时的弊政是革故鼎新的，在短短几个月时间里，革除的弊政，具有一定的进步作用，受到百姓的拥护。但同时，革新的主要矛头是对准当时最顽固的宦官和强大的藩镇武装力量，革新派面对的阻力太大，因为实力掌握在宦官和藩镇手里，而革新派则是一些文人，依靠的是重病在身的皇帝，而皇帝基本上又在宦官控制之中，所以宦官们在必要的时候，随时都可以把改革派一网打尽。早在永贞元年三月，宦官俱文珍等人就一手操办，将顺宗长子广陵王李淳立为太子，更名为李纯。七月俱文珍又伪造刺书，罢去了王叔文翰林学士之职，王伾竭力争论，才允许王叔文三、五日到一次翰林院。不久，王叔文母亲去世，他归家守丧。王伾孤立无援，这时王伾还请求宦官起用王叔文为相，统领北军，继而又请启用王叔文为威远军使、平章事，但都未得允许。革新派人士已感到人人自危，知道大势已去，某日夜间，王伾得中风病，第二天回到自己的府第。同时，韦皋上表请求由皇太子监国，又给皇太子上书请求驱逐王叔文等人，荆南节度使裴钧、严绶等也相继上表。于是俱文珍等以顺宗的名义下诏，由皇太子主持军国政事。八月，宦官拥立李纯即皇帝位，即唐宪宗，顺宗退位称太上皇。到第二年，顺宗被宦官害死。而像杜黄裳、袁滋、郑絪等依附于宦官的官僚纷纷得到重用。在宪帝即位后，革新派纷纷被贬职，王伾贬为开州（四川开县）司马，不久病死。其余柳宗元、刘禹锡、韩

泰、陈谏、韩晔、韦执谊、凌准、程异等八人都被贬为边远州的司马。因此，这次改革运动也叫"二王八司马"的革新运动。

　　改革的措施打击了当时的藩镇割据势力、专横的宦官和守旧复古的大士族大官僚，顺应了历史的发展；废除了一些弊政，如取消宫市、五坊使、进奉，打击了贪污和横征暴敛等弊政，受到广大民众的拥护，改革具有进步意义。

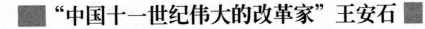

"中国十一世纪伟大的改革家"王安石

北宋（960—1127 年）是宋太祖赵匡胤建立的封建王朝。宋朝建立，结束了自唐末形成的四分五裂的局面，中国又归于统一。北宋历时 167 年。

一　北宋简史

由于与宋同时代的辽、金、西夏等国的强大，北宋与南宋的政权一直处于外族的威胁之中。960 年，后周殿前都点检赵匡胤在征战途中，发动政变，迫使周恭帝退位建立了宋王朝，史称"陈桥兵变"。与宋同时存在的还有：后蜀、南汉、南唐、吴越、北汉等割据势力。宋太祖便开始统一全国的斗争。几年内，先后消灭了荆湘、后蜀、南汉三地。974 年，又击败势力较强的南唐。此后，吴越等地方势力纷纷"纳土"于宋王朝，纷乱局面逐渐结束。

　　五代十国的后晋时期，曾把北方的燕云十六州割与辽国（契丹族）。为收复该地区，宋多次与辽国交战，一直未能收复。1004 年，北宋与辽在澶州议和签订"澶渊之盟"。每年宋向辽交纳岁币，双方互不侵犯。

　　北宋为巩固自己的统治，制定了一系列政策，如"杯酒释兵权"、削弱各官职权，使北宋军政大权控制在中央。通过科举制以殿试方式考核，从中得到一大批优秀的政治家，为国献策，以巩固北宋政权。

　　由于外族的威胁，加上宋真宗、仁宗、英宗、神宗的无能，使得社会紊乱，千疮百孔。以方腊、宋江为首的声势浩大的农民起义，不断发生。1069 年王安石变法，保守势力过于强大，两次变法，均以失败而告终。此后，北宋开始走向衰亡。

　　1125 年 2 月，金以宋破坏辽金协议为名，大举出兵侵宋，宋朝大乱。徽宗把帝位让给钦宗，希望改善局面，抗拒金兵。金兵直逼宋都开封，徽宗逃至金陵（今南京）。北宋军在丞相李纲的指挥下，击退金军，暂时制止金国南侵。但由于徽、钦二帝一心想与金国求和，他们先后答应割地赔款给金国，又罢免了李纲等忠臣。1127 年金军又一次攻打开封，并掠走徽钦二帝及大量财物，至此，北宋宣告灭亡。

　　北宋的社会生产力与科学技术与以往相比有明显进步。我国四大发明之中的活字版印刷术、火药都发明于北宋，其后传到西亚各国，继而传到欧洲。在文学上，更是人才辈出，唐宋八大家中的王安石、欧阳修、苏轼等与唐朝韩愈、柳宗元等比肩齐名。宋朝的词作品达到极高水平，它与唐诗并成为我国古典文学艺术的瑰宝。此外，还有名著《资治通鉴》、《梦溪笔谈》和名画《清明上河图》等。

二　王安石的生平

王安石（1021—1086年），字介甫，号半山。封荆国公，世人又称王荆公。抚州临川（今江西东乡县上池村）人。北宋杰出的政治家、思想家、文学家，唐宋八大家之一。他出身小官吏家庭。父名益，字损之，曾为临江军判官，一生在南北各地做了几任州县官。王安石少好读书，记忆力极强。由于才华横溢，少时已颇有名气。有人把他的文章推荐给欧阳修，欧阳修大加称赞。庆历二年（1042年），王安石登杨镇榜进士第四名，被授予淮南判官的职务，从此开始了他的仕宦生涯。王安石先后担任过鄞县知县、舒州通判、常州知州、提点江东刑狱等职。荆公做地方官后不断受到赞誉，士大夫希望他在政界能有所作为，刷新政治，一洗官场颓风。治平四年（1067年）神宗即位，诏安石知江宁府，旋召为翰林学士。荆公从小随父宦游南北，对北宋中期隐伏的社会危机有所认识，在他担任地方官吏时，能够关心民生疾苦，多次上书、建议兴利除弊，减轻人民负担。由于长时期接触了解社会现实，"慨然有矫世变俗之志"，皇祐三年（1053年），王安石作《上仁宗皇帝言事书》，系统地提出了变法主张，大意是说：如今国家财政越来越困难，风气愈来愈败

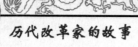

坏，究其原因是不知法度，不能效法先王的政治。所谓效法先王的政治，在于效法先王的立法思想，而不是生搬硬套上古帝王过了时的制度。只有不生搬硬套才能制定出合乎时用的新制度；只有效法先王立法思想，才能制定新制度，而不致骇人耳目，减少推行的阻力，能顺利推行，而又不离先王正道。王安石看到国家内忧外患，社会矛盾重重，大胆提出"天变不足畏，祖宗不足法，流俗之言不足恤"的论点，又提出"用天下之力以生天下之财，取天下之财以供天下之费"为原则。自古以来，从没有过为钱财不足而发愁的事，只有因治理钱财不得其法才感到困难。总之是要求改变北宋"积贫积弱"的局面，要变法改制挽救时局。王安石这些主张，引起了当时包括司马光在内的保守派的猛烈抨击，他们认为崇高的"祖宗之法不可变"。认为王安石思想主张是大逆不道。王安石据理力争与反对派进行一场针锋相对的斗争，最后赢得了神宗的支持，开始了持续 16 年的变法运动。

三 变法的历史背景

阶级矛盾与民族矛盾尖锐

北宋初年，统治者由于对土地兼并采取"不抑兼并"的态度，导致三分之一的自耕农沦为佃户。太宗时，"富者有弥望之田，贫者无卓锥之地"。豪强地主隐瞒土地，致使富者有田无税，贫者负担沉重，加上连年自然灾害，农民阶级反抗起义不断发生。

北宋与西夏和辽国发生多次战争，北宋以步兵为主，打不过夏、辽的骑兵，连年战败。更主要的原因是军队没有战斗力。北宋初年以来，从"杯酒释兵权"开始，防范军阀割据，实行更戍法，对有兵权的将领频繁轮换，使"兵不识将，将不识兵"，带来的后果是指挥效率和军队战斗力低，军队涣散。政府采取分化军权的方式，军权直接控制在中央，在地方也多用文官制约武官。荒年实行募兵制，招来的兵多是地痞流氓，军队素质极低。北宋军队与西夏、辽作战不利，在宋夏、宋辽议和后，北宋被迫缴纳大量银和绢，国库空虚，民族矛盾日益严重。

"三冗两积"引起严重的社会危机

"三冗"危机。"冗官"、"冗兵"、"冗费"，谓之"三冗"。北宋政府为了集中皇权，宰相职位要求多人担任，还设置枢密使、三司使来分割宰相的军、政、财权。官职也不断增加，一个官员一生可以推荐数十个亲属当官。北宋还大兴科举，科举应试人数增加，取士人数也增加，导致北宋政府机构臃肿，造成"冗官"。为了防范军阀割据，农民起义，抵御北方民族的南侵，稳定社会秩序，宋代不断扩充军队的数量，形成庞大的军事体系，军费开支占到整个财政支出的十分之八九，造成"冗兵"。"冗官"、"冗费"导致政府财政支出增加，又由于富家隐瞒土地，少纳税，以及北宋政府要给西夏和辽"岁币"，政府财政收入锐减，造成"冗费"。

"两积"是积贫、积弱。国家财政入不敷出，国库空虚导致积贫局面形成。军队失去战斗力、国家缺少御敌之兵，形成积弱局面。"三冗"、"两积"引起严重的社会危机，革新除弊逐渐成为北

宋朝野的共识。

四　变法的内容

1. 供应国家需要和限制商人的政策

均输法

现法已久，早在西汉桑弘羊为增加中央的财政收入时就试行过，唐代以后，各郡置均输官，达到"敛不及民，而用度足"。为了供应京城皇室、百官的消费，又要避免商人囤积，在淮、浙、江、湖等六路设置发运使，负责督运各地"上供"物质。意在省劳费、去重敛，减少人民的负担。

市易法

由政府出资金一百万贯，在开封设"市易务"（市易司）。平价时收购商贩滞销的货物，等到市场缺货时再卖出去，同时向商贩发放贷款，以财产作抵押，五人以上互保，每年纳息二分。用以达到"通有无，权贵贱，以平物价，所以抑兼并也"。市易法增加了政府财政收入。

保甲法

由司农寺制定《畿县保甲条例》。乡村住户，每十户组一保，五保为一大保，十大保为一都保。凡有两丁以上的农户，选一人来当保丁。保丁平时耕种，闲时要接受军事训练，战时便征召入伍。以住户中最富有者担任保长、大保长、都保长。用以防止农民反抗，并节省军费。

2. 调整封建国家、地主和农民关系的政策

青苗法

规定以各路常平、广惠仓所积存的钱谷为本，其存粮遇粮价贵，即较市价降低出售，遇价贱，即较市价增贵收购。其所积现钱，每年分两期，即在需要播种和夏、秋未熟的正月和五月，按自愿原则，由农民向政府借贷钱物。收成后，随夏、秋两税加息十分之二或十分之三归还谷物或现钱。青苗法使农民在新陈不接之际，不致受"兼并之家"高利贷盘剥，使农民能够"赴时趋事"。

方田均税法

由司农寺制定《方田均税条例》，分"方田"与"均税"两部分。"方田"是每年九月由县长举行土地丈量，按土墒肥瘠定为五等。"均税"是以"方田"丈量的结果为依据制定税数。方田均税法清出豪强地主隐瞒的土地。增加国家财政收入，也减轻了农民负担。

募役法

又称"免役法"，由司农寺拟定开封府界试行，然后颁布全国实行。免役法废除原来按户等轮流充当州县差役的办法，改由州县官府自行出钱雇人应役。雇员所需经费，由民户按户分摊。原来不用负担差役的女户、寺观，也要缴纳半数的役钱，称为"助役钱"。使得农民从劳役中解脱出来，保证了劳动时间，促进了生产发展，也增加了政府财政收入。

3. 巩固封建统治和整顿加强军队战斗力的措施

裁兵法

整顿厢军及禁军，测试禁军不合格者改为厢军，厢军不合格者，改为民籍。士兵五十岁后必须退役。

将兵法

又称"置将法"，废止北宋初年订立的更戍法，把各路驻军分为若干单位，每单位置将与副将各一人，专门负责操练军队，以提高军队素质。

保马法

神宗时，北宋战马只有 15 万余匹，政府鼓励西北边疆人民养官马。凡愿意养马的，由政府供给马匹，或政府出钱让人民购买，每户一匹，富户两匹。马有病死亡的，就得赔偿（后遭遇瘟疫，不久废止，改行民牧制度）。

军器监法

宋代武器原归中央三司胄案和诸州将作院制造，质量粗劣，严重影响军队战斗力。为改善这种状况，设军器监制造武器，并招募工匠，致力改良武器。

王安石的一系列变法措施，收到了很好的成效。到元丰年间，不仅改变了原来积贫积弱的现象，还使府库充盈。而在军事防御上，在熙宁年间就收复了唐中期以后失守的旧疆域。尽管王安石的变法于国于民都大有裨益，但触动了一大批官僚、地主的既得利益，引起他们的强烈反对，连两宫太后都与反对派结成同盟，共同反对变法。如此强大的压力，让宋神宗有些犹豫。再加上熙宁七年（1074年），河北闹大旱，反对派硬说是王安石把天下搞乱了，使得新政遭到阻碍，困难重重，王安石气愤之余上书辞职。次年，神宗又召王安石回京当宰相，但几月后，天上出现彗星，又被反对派说成不吉利的预兆，攻击新法。1076年，王安石再次奏请告老还乡，回江宁府。1085年神宗去世，保守派得势，新法在不到一年的时间内几乎全部废除，变法失败。1086年，王安石也在无限的忧愤中与世长辞。

五　变法失败的原因

新法在推行过程中，触犯了上级官员、皇室、豪强地主和高利贷者的利益。每个措施颁布后，都遭到阻挠和反对。以司马光为代表的大官僚、大地主集团坚决反对，宋神宗后来也动摇、妥协，革新派内部又产生裂痕，新法终被全部废止。王安石与司马光通过信件辩论，司马光口口声声祖宗之法不能变，要求恢复旧制。王安石则大谈"天命不足畏，祖宗不足法，流俗之言不足恤"，强调通过变法消除种种弊端的必要性。两人原是好友，最后决裂。

宋代实行的是中央集权高度集中的君主专制制度，改革仅为挽救北宋中期"积贫"、"积弱"的形势，而全国吏制败坏，积重难返。保守势力强大，他们宁可贫弱，也不愿触动个人的利益，致使变法最后失败。

变法内容太多，无所不包，没有先后主次之分，缺乏循序渐进

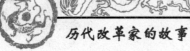

的过程，致使保守势力一时难以接受。

变法的历史地位：王安石变法是要解决当时北宋所面临的严重危机，革除弊端，使社会进步，富国强兵，这种改革精神是难能可贵的。其政治变法对北宋后代社会有很深的影响，已具备近代变法的特点。王安石被列宁誉为"中国十一世纪伟大的改革家"。

北宋科学家的坐标沈括

沈括通晓天文学、数学、物理学、地理学，是北宋经天纬地、成就卓著的科学家、改革家。

一　沈括的生平

沈括（1031—1095年），字存中，号梦溪丈人，杭州钱塘（今浙江杭州）人。《梦溪笔谈》是沈括晚年将平生见闻以笔记文体书写，在镇江梦溪园完成的巨著。它包括《笔谈》、《补笔谈》、《续笔谈》三部分，共26卷，内容涉及13个学科。沈括通晓天文学、数学、物理学、地质学、地理学、医学等，他和他的著作反映了北宋时期自然科学达到的辉煌成就。

沈括出身官僚家庭，父亲沈周，字望之，曾在泉州、开封、镇江做过地方官。母亲许氏，是一个有文化教养的妇女。沈括自幼勤奋好学，14岁就读完了家中的藏书。后来，随父去到福建泉州、江苏润州（今镇江）、四川简州（今简阳）、京城开封和南京等地，对当时人民的生活和生产情况有所了解，有机会接触社会，增长了不少知识。1051年父亲去世，沈括以父荫入仕，任海州沭阳县（今属江苏）主簿，十年后任安徽宁国县令，在这里修筑渠堰，开发农田，倡导并发起了修筑芜湖万春圩的工程，取得很大的成绩，并撰写了《好田五说》、《万春圩图记》。1063年，沈括33岁时考中进士，被任命做扬州司理参军，掌管刑讼审讯。1066年被推荐到京师昭文馆编校书籍，在这里他开始研究天文、历算。1069年，王安石被任命为宰相，开始进行了大规模的变法运动，沈括积极参与变法活动，受到王安石的器重并委以重任，担任过管理全国财产的最高长官三司使等许多官职。1073年赴两浙考察水利，解决人民水利方面的问题。1075年出使辽国，驳斥有关地界的要求。1082年西夏进攻永乐（今陕西米脂县西）、绥德（今陕西绥德）二城，沈括奉命保卫绥德。因永乐之战中为西夏所败，连累坐贬，调为均州团练副使，实际上被软禁。1085年哲宗即位，实行大赦，沈括恢复了自由。下文将沈括一生中的科学贡献予以介绍。

二 沈括的科学贡献

1. 兴修水利

沈括十分重视发展农业和兴修水利，他青年时期任沭阳县主簿时，主持了治理沭阳水利工程，开垦出良田7000顷。在今安徽地区任宁国县令时，开垦出能排能灌、旱涝保收的良田 1270 顷。经常组织几万民工修筑渠堰，解除了当地人民水灾的危险。1072 年，沈括主持了汴河的水利建设，为了治理汴河，他亲自测量了汴河下游，从开封到泗州淮河岸共 840 多里河段的地势，他采用"分层筑堰法"，把汴渠分成许多段，分层筑成台阶形的堤堰，引水灌注入内，又取得引水游田一万七千多顷。这种分层台阶形的堤堰是难度相当大的工程，在世界水利史上是一个创举。

2. 铜和石油的发现

沈括在福建泉州时，听说江西铅山县有泉水是苦的，苦泉水放在锅里熬干就得到铜。沈括每到一地都注意与自然科学有关的事，注意劳动人民的发明创造。当他来到铅山县时，看到了村民"胆水炼铜"的过程，并在《梦溪笔谈》中记录下来。这是我国有关"胆水炼铜"的最早记载。原来在铅山县有几道溪水不是清的，而是青绿色的苦水，村民称它为"胆水"。"胆水"就是亚硫酸铜溶液，村民将"胆水"放在铁锅里煎熬，就生成了"胆丸"，"胆丸"就是亚硫酸铜。亚硫酸铜在铁锅中煎熬时与铁产生了化学反应，就析出了铜。历史的发展证明他的记载是正确而可靠的，沈括是最早考察炼铜与采油业的高官。沈括还记录了在铅山周围有一个规模不小的铜矿。这个铜矿的记载已经验证了，就是现在江西铜业公司的电解铜，年产量 90 万吨。国内居第一位，世界居第三位。

沈括出任陕西延州知州时，把石油的存在状态与开采过程都记在《梦溪笔谈》中。在鄜州、延州境内有一种石油，就是过去说的

高奴县脂水。这种油很像清漆，能燃烧，冒着很浓的烟，任何物品都可被它染黑。燃烧过的烟煤，用来做成墨，墨的光泽像黑漆，即使是松墨也比不上它。于是就大量制造它，沈括认为这种墨以后一定会广泛使用。沈括说，他是第一个使用"延州石油"或"延州石液"的人。沈括书中谈到的高奴县的脂水，当地人叫它"石漆"、"石脂"，用它烧火做饭，点灯取暖，沈括给这种液体起个名字叫石油，这个名字一直沿用至今。沈括笔下的"延州石油"，如今已形成我国著名的长庆油田，油气地质储量54188.8万吨，年产量达到了2000万吨，约占全国的十分之一。长庆油田已是我国重要的能源基地之一。当年石油产生在水边，与砂石和泉水相混杂，断断续续流出来，现在它产生在油田、煤田和沼泽地带，储藏量极为丰富。如今北京燃气用气结构已发生根本变化，普遍用天然气代替，长庆已成为我国天然气供应的重要基地之一。

3. 绘制地图

沈括在长达30余年的官宦生涯中，每到一地都考察祖国山河的特点，渐渐形成了他自己的地理学说。他绘制了《大宋天下郡守图》，由于他使用科学方法绘制地图，使得北宋的地图越来越精确，在当时北宋与辽国边界谈判中，发挥了重要作用。

北宋与辽国在签订《澶渊之盟》后停止了战争。辽国垂涎中原地区，不断提出领土要求，1075年辽国派大臣来到东京，要求重新划定边界，他提出的边界是山西北部的黄嵬山。黄嵬山以北为辽国所有，以南为宋朝所有。宋朝如果同意，就等于将辽国的领土向南推进了 30 多里。黄嵬山是一座无名声的山脉，北宋大臣几乎一无所知，朝廷也无办法。这时想起熟识地理的沈括，命他出任谈判特使。沈括不卑不亢，胸有成竹。他向辽国代表指出，两国按《澶渊之盟》划分边界，边界是白沟河。白沟河以北为辽国国土，以南为大宋领土，而黄嵬山在白沟以南，辽国没有自己的地图，更不知道黄嵬山的准确方位，争论了几天后，双方无结果而返。不久，沈括又受命出使辽国，在辽国首都上京谈两国边界，与辽国宰相在谈判时，沈括再次提出以《澶渊之盟》为依据，寸步不让。而辽国宰相找不到重划分界的理由。这时沈括又出示宋朝的木制地形模型，这使得辽国宰相大为惊奇，终于放弃了对宋朝领土的要求。沈括不愧为一位出色的外交家与地图学家。

4. 天文成就

沈括曾经制造过我国古代观测天文的主要仪器——浑仪。他每天用浑仪观测北极星的位置，把初夜、中夜、后夜所见到的北极星方位分别画于图上，经过三个月的精心研究，最后得出北极星与北极距三度这一科学依据，在《梦溪笔谈》中有详细的记录。

浑仪是测量天体方面的仪器，经过历代的发展和演变，到宋朝，浑仪的结构已经变得十分复杂，三重圆环相互交错，使用起来很不方便，为此沈括对浑仪作了比较多的改革。他一方面取消了作用不大的白道环，把仪器简化、分工，再借用数学工具把它们之间的关系联系起来；另一方面，又提出改变一些环的位置，使它们不挡住观测视线。沈括的这些改革措施，为仪器的发展开辟了新的途径。

漏壶是古代测定时刻的仪器，由几个盛水的容器装置成阶梯的形式，每一容器下侧都有孔，依次往下一容器滴水，最下面的容器没有孔，里面装置有刻着时间标度的"箭"，随着滴漏水面的升高，"箭"就慢慢浮起来，从显露出来的刻度，可以看出时刻。沈括对漏壶也进行了改革，他把曲筒铜漏管改为直径立咀，并且把它的位置移到壶体下部，这样流水更加统畅，壶咀也坚固耐用多了。

沈括在《浑仪议》、《浮漏议》和《景表议》等三篇论文中，介绍了他的研究成果，详细说明改革的原理，阐发了自己的天文学见解，这在我国天文学史上具有重要的作用。

5. 物理成就

《梦溪笔谈》中所记载的物理方面的见解涉及力学、光学、磁学、声学等各个领域。他对磁学的研究成就卓著，第一次明确地谈到磁针的偏角问题。据记载："方家以磁石磨针锋，则能指南，然常偏东，不全南也。"这是世界上关于地磁偏角的最早记载。西方直到1492年哥伦布第一次航行美洲时，才发现地磁偏角，比沈括发现晚了400年。

6. 数学成就

沈括在数学上创立了"合圆术"和"隙积术"。他由于长期计算土地长度，积累了许多经验，又从计算田亩出发，考察了圆弓形中弧、弦和矢之间的关系，提出了我国数学史上第一个由弦和矢的长度求弧长的比较简单实用的近似公式，这就是"合圆术"。这一方法的创立，不仅促进了平面几何学的发展，而且在天文计算中也起了重要的作用，并为我国球面三角学的发展作出了重要贡献。又通过对酒店里堆起来的酒坛和垒起来的棋子等有空隙的堆积体研究，提出求它们的总数的正确方法，这就是"隙积术"，也就是二阶等差级数研究的方向。他发展了自《九章算术》以来的等差级数问题，在我国古代数学史上，开辟了高阶等差级数研究的方向。

7. 地学论断

沈括在地学方面也有很大的贡献。他正确论述了华北平原形成的原因，根据河北太行山山崖间有螺蚌壳和卵形砾石的带状分布，推断出这一带是远古时代的海滨，而华北平原是由黄河、漳水、滹沱河、桑乾河等河流所带的泥沙沉积而形成的。浙江的雁荡山有个凌空巨石，经沈括考察，是雨水千百年冲刷的结果。他还观察研究了从地下发掘出来的类似竹笋以及桃核、卢根、松树、鱼蟹等各种各样的化石，明确指出它们是古代动物和植物的遗迹，并且根据化石推论了古代的自然环境。在公元11世纪，沈括就有这些科学见解，这足以说明了沈括有经天纬地之才与可贵的唯物主义思想。在欧洲，直到文艺复兴时期，意大利人达·芬奇才对化石的性质有所论述，比沈括晚了400多年。

三　沈括才高名微的原因

沈括在中国历史上是一位非常博学多才的科学家，他与唐宋八大家相比，其科学成就远远超过他们，但名望却极为低下，其原因如下：

沈括作为科学家是成功的，但其为官为人是失败的。他的政治嗅觉异常灵敏，善于在别人的诗文中嗅出异味，继之对嗅出的问题，罗织罪名，"上纲上线"。文学史上久负盛名的人物苏轼，就曾被沈括诽谤，说苏轼的诗文中有"愚弄朝臣"之处。当时北宋正值王安石变法搞得轰轰烈烈之时，苏轼不支持变法，与保守派领袖司马光一起组成反对派，再加上沈括的诽谤，结果苏轼被下放、降职，又被关在狱中130天。苏轼名声大降，而沈括的做法也没有为他赢得任何好名声。

沈括投机取巧。王安石在皇帝支持下进行变法，那时沈括积极参加变法运动，受到王安石的器重和信任，并担任变法中的重要工作。变法进行了十几年后，由于打击了豪绅、大地主的利益，保守派组成反对派要求恢复旧法，宋神宗也动摇了。在变法形势不利的情况下，王安石下野，沈括又反对王安石，站在反对派一边，诬蔑变法。

沈括嫉贤妒能。他不想让社会上的贤能超过自己，为此，对过去的好友反目为仇。

这就是他才高名微的原因所在。由于这些原因，沈括的人际关系非常紧张，他死后既没人给他建碑，也没人给他立传。

然而，并不能因此否认沈括在科学方面的伟大成就。他在天文、数学、物理、化学、地质学、地理学方面，都对社会有突出的贡献。他的《梦溪笔谈》巨著，留下极其丰富和有重要价值的历史资料，他是中国科学史上最卓越、最有成就的科学家之一。

耶律楚材改革对蒙古的贡献

蒙古高原地区有许多蒙古部落，他们是金朝的臣属民族。随着金朝的逐渐衰落，蒙古的势力开始壮大起来，脱离了金的统治。

一 元朝简史

1206 年，蒙古族领袖铁木真被各部落推举为"成吉思汗"，在漠北建立政权，国号"大蒙古国"。此后，蒙古不断发动征服战争。1217 年灭西辽，1219 年西征花剌子模，一直攻到伏尔加河流域，甚至到多瑙河畔，南至印度洋，北达北冰洋，东抵太平洋西岸以及朝鲜半岛，涵括几乎整个俄罗斯，是一个真正意义上的世界性帝国。

为了加快战争的进程，又由于蒙古是游牧民族，在战争期间采取了残酷的野蛮政策，打下城市后屠城，无数财产被掠夺损坏。成

吉思汗在远征中病逝，蒙古贵族忽必烈（元世祖）于 1271 年建立元朝，1279 年攻灭南宋，定都于大都（今北京）。在元朝建立之前，蒙古对中原地区推行的是游牧性的掠夺政策，到忽必烈时转为以中国为主体的王朝。这是因为忽必烈任用耶律楚材推行汉化政策。在经济、政治、文化上全面以汉族统治方式来统治元朝。忽必烈改变了蒙古草原游牧民族的经营方式，而选择中原汉族农业经济的经营方式，这就使蒙古以后的统治按照中原汉族统治政策进行，对元朝以后的统治有重大影响。蒙古统治者改变原来野蛮的游牧民族的落后统治，中原人民也不再惧怕蒙古人，甚至在某些方面还拥护他们的统治。致使元朝的统治持续时间近百年，而如果从蒙古帝国建立算起则有 160 多年。

1276 年，元军攻陷南宋都城临安（今浙江杭州），俘虏 5 岁的宋恭帝及谢太后。1279 年，元军在崖山海战，击溃南宋最后的抵抗，陆秀夫背着 8 岁的小皇帝赵昺（bǐng）投海而死，南宋灭亡。

元朝统一中国后，将各族人民划分为蒙古、色目、汉人和南人四个等级，并且规定这四等人在做官、打官司、科举诸方面有一系列不平等待遇，这是元朝实行民族压迫、民族歧视的表现。蒙古族为第一等，是元朝的"国姓"；色目人为第二等，是对西部民族的统称；汉人为第三等，指淮河以北原金朝境内的汉人、契丹人、女真人等；南人为第四等，也叫蛮人，指元朝征服的南宋境内的各族人民（淮河以南的人民）。

13 世纪初，蒙古族统治者经过半个多世纪的征服战争，先后消灭西夏、金、大理、吐蕃、南宋等政权，完成了多民族国家的空前统一。元朝作为一个由蒙古族建立的政权，经过对欧亚广大地区的征服后，在文化思想领域主动或被动地吸收了多种文明的长处，促进了中国多元一体的文化发展进程，在诸多领域中出现了新的飞跃。东西方的物质文化交流的壁垒被打破，丝绸之路畅通，东西方的距离拉近了，中国的四大发明传到西方，使中国认识了世界，也使世界认识了中国。

元朝后期，统治阶级不断向人民收取名目繁多的赋税，人民被压迫、被掠夺得更为严重。1351年发生刘福通领导的红巾军起义；1356年，朱元璋不断扩充自己的势力，统一了江南半壁河山；1367年，朱元璋开始北伐，次年8月攻陷大都，元顺帝北逃，元朝统治结束。

二 耶律楚材的生平

耶律楚材（1190—1244年）是蒙古帝国大臣，字晋卿，号玉泉老人，法号湛然居士。他出身契丹族贵族家庭，生于燕京（今北京），是辽朝燕国皇帝辽太祖耶律阿保机的九世孙。自其祖父起，其家世代为金朝的贵族。其父耶律履，在金朝做过尚书右丞。耶律楚材三岁时，父亲谢世，母亲杨氏带他回到老家广宁山（今辽宁北镇市西部的医巫闾山）附近的龙岗。杨氏出身书香门第，很有文才，是一位既严又慈、识大体有远见的女性。她把全部心血都用在了耶律楚材身上。耶律楚材在龙岗住了15年，他自幼学习汉文书籍，精

耶律楚材

通汉文，崇尚儒家学说。并且博览群书，旁晓天文、地理、律历、数学、医学等，下笔为文。耶律楚材17岁时和母亲一道回到燕京。当时燕京是北方封建社会的经济文化中心，这里有深厚的汉文化底蕴，这使得耶律氏家族世代受到汉文化的影响。在北京，按家族的传统，他可以有特权当官，但他要通过科考取士。耶律楚材和一些官宦子弟入殿，金章宗亲自询问几个疑难案件如何处置，只有耶律楚材对答如流。金章宗十分高兴，当即让他做了户部掾史（管理文书、处理日常事务的官吏）。他的理想是按照儒家的学说来治理天下，他自己说："以吾夫子之道治天下，以吾佛之教治一心，天下之能事毕矣。"他树立了以儒治国的志向，且有远大的政治抱负，为此他孜孜不倦地学习，24岁时便做了开州同知。在金末元初这一动荡的年代，连绵不断的各民族之间的战争，不仅给各族人民带来莫大的灾难和痛苦，就连豪强贵族也面临严重威胁。耶律楚材从巩固封建统治的立场出发，推崇孔孟学说中的仁义道德，这种仁义道德成为他倡导社会变革的理论基础。他不仅是一位学者，更具有卓越的政治才能。他没有狭隘的民族情绪和偏见，不分什么华人、夷族，他的政治理想是华夷一统，共享太平。正是具备了这些条件，适应了历史的需要，他才不断取得蒙古统治者的信任。1215 年，蒙古军攻占金中都时，耶律楚材是左右司员外郎。当时成吉思汗注意访求亡辽的宗室近族，闻之楚材才华横溢的名声，遂派人询问治国大计。耶律楚材早已对腐朽的金朝不满，当时又是干戈四起、中原大地生灵涂炭之际，他决心以自己的才华辅助成吉思汗，拯救水深火热中的人民。1218 年，成吉思汗在漠北召见耶律楚材，楚材身高 8 尺，美髯垂胸，声音洪亮，成吉思汗很赞赏，让他常处左右，称他为长髯人，而不呼其名。成吉思汗西征时，他全程相随。耶律楚材谋求以儒治国，但当时无法实现他的政治抱负，因而在思想情绪上抑郁不满，更反对蒙古统治者的征服战争和野蛮掠夺。成吉思汗每次出征都必定命耶律楚材占卜，1224 年，成吉思汗率军到达印度，驻扎在铁门关，见到一角兽，形状像鹿而尾巴像马，皮毛呈绿色，发出人讲话的声音，铁门关人对成吉思汗的保卫者说："你们的主人应该尽早返回。"成吉思汗不知何故，问耶律楚材。耶律楚材回答道："这是瑞兽，名叫角端，角端讲四方语言，好生恶杀，这是上天降符以告陛下。陛下是上天子，天下之人都是陛下之子，希望您顺承天心救活民命。"成吉思汗立即班师。晚年时他曾指着耶律楚材对元太宗说："这人是上天赐给我们家的，你以后的军国大政要全部委托给他。"1229 年太宗即位，此后耶律楚材积极帮助窝阔台，对蒙古原有的经济、政治等制度进行改造，使蒙

古统治者在统治政策上有所转变。

三　对蒙古原有的经济、政治、文化进行的改革

1. 经济方面的改革

严禁屠城禁止杀戮、盗窃

蒙古军队侵略欧亚各国和征服国内各民族的时候，曾执行残酷的屠城政策。蒙古向外扩张，其目的是为了掠夺。到某一地后，总是把财产抢劫一空，把掠来的人民和工匠充作奴隶，按军功大小分给贵族、将领。这种掠夺方式对社会生产力破坏极大。后来，蒙古统治范围扩大到中原后，刑事案件大大增加了，情况也复杂得多了。耶律楚材提出《便宜十八事》作为临时法律，严禁屠城，禁止地方官吏擅自杀害老百姓。有了临时法律后，1233 年蒙古军队攻下汴京（今开封）时，对躲避战乱留居汴京的 147 万人都保存了性命。另外不准商人、财主贪污公物，同时打击地痞、流氓及杀人越货等行为，禁止地主富豪夺取农民土地。这一法律执行后，中原人民不再对蒙古军队恐惧了，社会秩序逐渐稳定，人民生活也安全了。

保护农业生产，实行赋税制度

蒙古人入驻中原之后，应当怎样改变草原游牧民族的统治方式，来适应中原的农业社会呢？耶律楚材反对将汉地变为牧场，要保护农业，发展生产，在中原地区建立赋税制度。蒙古人不知道农业经济的重要，更不懂缴纳赋税。在耶律楚材的建议下，蒙古逐渐改变了草原游牧民族的统治方式，而适应中原农业经济的经营方式。这是耶律楚材对中国历史、中华文明最大的贡献。

实行封建社会的纳税制度

在伐金过程中，有一大批金国官将和地主武装的首领归附了蒙古，主要是汉人、契丹人、女真人，从13世纪20年代起，他们成为蒙古政权下新的权贵，形成了专制一方的地方势力。蒙古国还实行分封制，把北方一些郡县分封给他们，在其管辖区内，地方权贵集军、民、财权于一身，这对蒙古是不利的。耶律楚材提出，将中原地税、商税、盐酒、铁冶、山泽之利作为国家税收，每年可得银五十万、帛八万匹、粟40余万石。窝阔台把全国分为十路，每路设正副课税使，他们直接隶属可汗，与各地搞民政的文官、管军政的万户所鼎立而三，各不相干，税收的制度不断完善。为了削弱地方的财权，又设"五户丝"制，即每五户合缴丝一斤给受封者。另外，每两户出丝一斤，作为国税给政府。这就把征税权收归中央，防止地方势力膨胀。

2. 政治方面的汉化政策

实行严格的君臣之礼

成吉思汗去世以后，窝阔台继位为大汗，耶律楚材在改变蒙古的统治方式、剥削方式方面发挥了更大的作用。大蒙古国虽然有贵贱尊卑之分，但从来没有像中原地区的封建王朝那样有严格的君臣之别。窝阔台被选为大汗后，耶律楚材从亲王察合台入手做工作，他说："王虽兄、位则臣也，礼当拜。王拜，则莫敢不拜。"察合台王深表认同。窝阔台即位时，察合台王率皇族及臣僚拜其帐下，礼

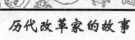

毕则退。从此蒙古国有了尊汗的下拜礼，即君臣之礼。大汗相当于部落联盟的首领，虽有至高的军权，但与各部落酋长之间，仍以兄弟相称。拜汗礼的实施，是对中原礼制的继承。

建立中书省和中央行政机构

蒙古曾实行军政合一制，只有统军队的长官，没有治理政事的长官。攻下城镇后，不派兵镇守。耶律楚材建议："地方上应设置官吏统治老百姓，另设万户所总管军队，使军政相互遏制，防止独断独行。"要巩固一个地域广阔的封建王朝，必须有切实可行的行政制度，以便中央对地方实行控制。窝阔台采纳了建议，并在中央设立了最高行政机构中书省，任命耶律楚材为中书令。这一行政改革，削弱了地方势力，加强了中央集权，蒙古帝国开始有了中央的行政机构。

3. 文化方面的汉化政策

耶律楚材任中书令（宰相）后，积极推行文制，逐步实施"以儒治国"的方案。耶律楚材为了保护汉文化，并使蒙古上层接受汉文化，引荐儒士进入仕途。在中原辖区设十路，每路都任命正副课税使，皆由儒士担任。在蒙古灭金和征伐南宋时，随着统治地域扩大，国家需要大量的人才来治国。许多儒士都得到了保护并被起用。

尊孔重教

尊孔重教，整理儒家经典。耶律楚材利用以儒教为中心的传统思想和制度来治理中原。修复孔庙，优待孔子后裔，用封建文化教育民众。经过多年的努力，儒学在蒙古上层政权中渐渐占了一席之地。使武功极盛的蒙古统治者逐步感受到了文制的效果，使战争不断的乱世转入和平的盛世。

大兴科举考试

在京城设国子学，讲学之风渐起，向统治集团讲经。1237 年恢复科举考试，第二年首次开科取士，一次录取 4000 多人，为国家发现和招揽了大量人才。为忽必烈时期蒙古帝国的繁荣奠定了基础。

四 对耶律楚材的评价

耶律楚材在成吉思汗、窝阔台两朝任事近 30 年，对蒙古族历史的发展起到了不可低估的作用。他被人称为"神人"，他的智慧和才华与人们熟悉的萧何、诸葛亮、魏征、房玄龄比起来毫不逊色。他对于国于民不利的事情，敢于进谏，不怕坐牢，不怕杀头。窝阔台死后，乃马真氏竟然自己临朝称制。耶律楚材一时难以制止，乃马真擅发政令，耶律楚材反抗说："天下本是先帝的天下，朝廷自有宪章，今欲紊乱制度，臣不敢奉诏。"经他强争，此事才终止。

但耶律楚材因此事忧愤，于 1244 年 5 月 14 日抱恨而逝，享年 55 岁。"砥柱中流断，藏舟半夜移。"消息传出，倾国悲哀，朝廷和百姓都如同丧失了亲人。汉族的士大夫更是流着眼泪凭吊这位功勋卓著的契丹政治家和他们的良师益友。蒙古国数日内不闻乐声。忽必烈遵耶律楚材的遗愿，将他的遗骸葬于故乡玉泉以东的翁山，即今北京颐和园的万寿山。人们专门为他修建了祭祠，至今还保存在北京颐和园里。

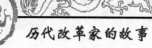

耶律楚材生于契丹族家庭，这个家庭早已汉化为汉族家庭。他自幼学习传统的儒家思想文化，他的政治抱负就是为巩固汉族封建统治干出一番事业。由于他生长在金和蒙古统治下，对蒙古族的野蛮统治极为不满，决心改造蒙古落后的统治方式。然而，一个民族长期形成的生存习俗，要加以改造，谈何容易？而耶律楚材对蒙元统治的改造作出了杰出的贡献。耶律楚材在推行汉化政策时，最重要的贡献是改革了蒙古族野蛮的屠城政策，以及改蒙古草原文化为汉族农业文化，他没有狭隘的民族情绪和偏见，他的理想是华夷一统共享太平。孔孟学说中的仁义道德，是他指导社会改革的理论基础。耶律楚材不仅是学者，而且具有卓越的政治才能，正是具备了这些条件，适应了历史的需要，他才不断取得蒙元统治者的信任。而蒙古统治者成吉思汗、窝阔台，大胆任用耶律楚材，从善如流，这足以说明他们也是高瞻远瞩的政治家。

元朝纺织家黄道婆

黄道婆（1245—1330年），汉族，宋末元初知名的纺织家，又名黄婆、黄母，松江府乌泥泾镇（今上海市徐汇区）人。黄道婆出身贫苦的农民家庭，为生活所迫，十二三岁就卖给人家当童养媳。她白天干活，晚上纺纱织布，担负着繁重的劳动，还受到公婆和丈夫的虐待。一天，黄道婆被丈夫毒打后，又被关在柴房，不准吃饭、不准睡觉，她忍受不了这种非人的生活，于是她半夜在房顶上掏了个洞，偷偷地逃了出来，躲在一条停泊在黄浦江边的海船上，随船漂泊到海南黎族地区。

黄道婆后来出现在崖州（今海南三亚西北）崖城镇内的草村，衣服又破又旧，站在一个黎族老大妈家的屋檐下，浑身发抖。老大妈开门出来看见她可怜的模样，就把她拉进屋里，给她换上黎族人穿的筒裙，让她喝几口山兰玉液驱寒。然后便问起她的家世来。黎

族老大妈听了黄道婆的哭诉，流下了同情的眼泪。从此大妈就认她为女儿，在生活上给予她无微不至的照顾。由于海南盛产木棉，黄道婆从黎族人民那里学到了精湛的纺棉织布技术。她看见黎族妇女的纺织技术和工具都比她家乡的先进，在她的家乡江南，棉籽要用手剥，效率很低，弹花只用小竹弓，弹出的棉絮不够松软。而黎族妇女使用的纺织工具——踏车，既轻巧，又灵活，织出的布精细美观。心灵手巧的黄道婆，很快就掌握了黎族的纺织技术和工艺，织出的花布色彩鲜艳，上边有各种奇花异草、飞禽走兽等花纹图案，染成各种彩色的黎单、黎棉、鞍搭等，销往全国各地。相对来说，当时大陆的纺织品产量不高，布匹的质量低劣，不能成为人们主要的衣着用品。黄道婆就是在这一种特定的历史条件下来到海南岛的。她在与黎族人民共同的劳动生活交往中，努力学习和掌握当地先进的棉纺织技术。黎族同胞的细心传授，黄道婆虚心刻苦的学习，使她了解并熟悉了各道棉纺织布工序。在实践中，黄道婆还融合吸收了家乡织布技术的长处，逐渐成为有着精湛技术的纺织能手。

黄道婆的名气很快传遍四方。有一天，一个外地商人窜进她家，蛮横地要用高价收买她的纺织精品，说是要作为贡品献给皇帝。黄道婆见来者不善，婉言谢绝道："我织布自己穿还不够呢，哪有多余的东西出卖？"商人威胁说："你宁愿自己没的穿，也不能不献给皇帝，不拿出来你担当得起罪责吗？"黄道婆毫不客气地回答："你们有钱人以为出了钱就什么事情都能办到吗？你要把贡品献给皇帝，请你自己去织吧！"大妈也在一旁帮她说话，那商人恼羞成怒，只好灰溜溜地走了。

　　黄道婆在海南生活了30多年，虽然吃穿不愁，但她无时无刻不想念自己的家乡。元朝至元年间（约1295—1296年），她带着黎族人民创造的先进纺织工具和技术，依依不舍地告别了黎族同胞，乘船回到了阔别30多年的松江乌泥泾。黄道婆重回故乡的时候，棉织业已经在长江流域大大普及，但是纺织技术还是很落后。她看见妇女仍然用红肿的手剥棉籽，男人依旧用小竹弓弹棉花，操作起来十分辛苦，生产效率又极低，而且织出的布还像从前一样粗糙，就致力于改革家乡落后的生产工具。黄道婆将黎族人民先进的棉纺织生产经验与汉族传统纺织工艺结合起来，系统地改进了从轧籽、弹花到纺纱织布的全部生产工序。

　　在剥除棉籽方面，黄道婆把黎族人民用的搅车介绍过来，搅车由装在机架上的两根碾轴组成，两轴靠摇臂向相反方向转动，把棉花喂进两轴间的空隙碾轧，棉籽就被挤出来，棉纤维（皮棉）被带到前面。搅车的应用，大大提高了生产效率。在弹松棉花的过程中，黄道婆把弹花用的弓从一尺多长改成四尺多长；用绳弦代替线弦；还用檀木做的椎子击弦弹棉，用它代替手指弹板，这样弹出的棉花均匀细腻，提高了纱和布的质量。这就是黄道婆改良的去籽搅车和弹棉椎弓。在纺车方面，当时松江一带用的都是旧式单锭手摇纺车，功效很低，要三四个人纺纱才能供上一架织布机的需要。黄道婆跟木匠师傅一起，经过反复实验，把用于纺麻的脚踏纺车，改成三锭棉纺车，使纺纱效率一下子提高了两三倍，而且操作也很省力，从

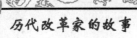

而又创造了三锭脚踏纺纱车。黄道婆还充分利用和改进了传统的丝绸生产工具和技术，提高了整丝和织布的工艺质量，使当地人民能用纱线织出各种彩色的棉布，其绚丽灿烂的程度能与丝绸相媲美。王祯在《农书》中记载当时已用拨车、线架等纺织工具来纺织各色棉纱，还记载了织布机与丝绸机的相同之处。这是黄道婆与劳动人民一起，把丝绸生产经验运用于棉纺织业，改进了原先使用的拨梭织布机的又一革新创造。在黄道婆的带领下，乌泥泾从事纺织业的人越来越多，乌泥泾的纺织技术和新设备传遍了江浙一带，使松江一度成为全国棉纺织业的中心，历经百年，久而不衰。18世纪到19世纪，松江布远销欧美，获得很高的声誉。黄道婆回乡后，于1330年离开了人世，当地流传着这样一首歌谣：黄婆婆，黄婆婆，教我纱，教我布，两只筒子两匹布。

元朝的科学家郭守敬

郭守敬是中国元朝著名的天文学家、数学家、水利专家和仪器制造专家，是中国古代最有成就的科学家。

一 郭守敬的生平

郭守敬（1231—1316 年），字若思，汉族，邢台（今河北邢台）人。幼承祖父郭荣家学，在祖父的教导下成长起来。祖父是金元之际一位颇有名望的学者，他精通五经，熟知天文、算学及水利技术。祖父一面教郭守敬读书，一面领着他去参观社会上的自然现象，体验实际生活。

郭守敬少年时就显露出科学才能。他自幼就喜欢自己动手制作各种器具。那时北京科学家燕肃改进创制了古代漏壶，这种器具由几个部分组合而成，是一种计时器，而它的配制方法图样就称为

"莲花漏图"。郭守敬得到莲花漏图后，对图样做了精密的研究，居然摸清了制作方法。器具上有几个漏水的水壶，水壶的水面高度保持不变，水面高度不变，往下漏水的速度也就保持均匀，水流速度保持均匀了，在一定时间内漏下的水量就保持不变，这样就可以从漏下的水量指示出时间来了。"莲花漏图"就画着这样一整套器具，配制这套器具的原理并不浅显，图的构造也不简单，仅仅依据一幅图就想掌握莲花漏的制造方法和原理，这对一般成年学者来说并不是一件容易的事，而年纪才十几岁的郭守敬，居然把它弄明白了，其间不知花费了多少心血，这足以说明郭守敬是一个刻苦钻研的少年。

年仅20岁的郭守敬，能对地理现象作出细致的观察和判断。在邢台县的北郊，有一座石桥。金元战争期间被破坏了，桥身陷在泥淖里。日子一久竟没人说得清它的位置了。桥被破坏，给来往的行人，特别是农民带来很大的不便，严重影响了当时的农业生产。郭守敬勘察了河道上、下游的地形，对旧桥基有了一个估计。根据他的指点，居然挖出了这久被埋没的桥基，这件事使很多人惊讶不已。石桥修复后，当时一位有名的文学家，还特意为此写一篇碑文。

元朝统一需要科学人才。元朝建立以前，金朝北边的蒙古人还过着游牧生活，处在奴隶社会阶段。他们在金朝北方一带骚扰，具有极大的掠夺性和破坏性。当地的农田、水利遭到严重破坏，人口大量减少，生产急剧下降，对元朝统治十分不利。蒙古统治集团察觉了这一点，同时在耶律楚材提出的汉化政策影响下，在华北地区封建势力的支持下，蒙古统治者逐步进行一些改革，改变了一些野蛮杀掠的政策，实行鼓励农桑增产的措施。因此，华北一带的农业才逐渐恢复。农业生产必须适应天时，农田排灌需要水利建设，于是天文历法与水利工程的研究就成为迫切的要求。同时由于国家统一后，中外交通范围比以前扩大了，更给科学家的发展提供了新的机遇，因此，元朝的天文学和水利学在金、宋两朝的基础上，有了进一步的发展，郭守敬正是在这个时期，在这两门科学方面做出了许多贡献。

二 水利方面的贡献

大都治水

郭守敬结识了一位水利专家张文谦，他跟着张文谦到各地勘测地形，筹划水利方案，并帮助做些实际工作。几年后郭守敬的科学知识和技术经验更丰富了，人已经逐渐成熟，1262 年，张文谦把他推荐给元世祖忽必烈，说他熟悉水利，元世祖就在当时新建的京城上都（今蒙古多伦附近）召见了郭守敬。郭守敬初见元世祖就当面提出了六条水利建议：第一条，建议修复从当时的中都（今北京）到通州（今通州区）的漕运河道；第二、第三条是关于他自己家乡地方城市用水和灌溉渠道的建议；第四条是关于磁州（今河北磁县）—邯郸一带的水利建议；第五、第六条是关于中原地带（今河南省境内）沁河河水的合理利用和黄河北岸渠道建设的建议。这六条都是经过仔细勘察后提出的切实的计划，对于经由路线、受益

面积等项都说得清清楚楚，元世祖认为郭守敬的建议很有道理，每听完一条就点头赞许。他很感慨地说："让这样的人去办事，才不会摆空架子吃闲饭。"当下就任命他为提举诸路河渠，掌管各地河渠的整修和官理等工作，下一年又升他为银符副河渠使。

西夏治水

1264年，张文谦被派往西夏（今甘肃、宁夏及内蒙古西部一带）巡察，那里沿着黄河两岸早已修筑了不少水渠。宁夏地方（今银川一带）的汉延、唐来两渠都是有几百年历史的古渠，分渠纵横，灌溉田地的面积很大，是西北重要的农业基地之一。当年成吉思汗征服西夏时，不知道保护农田，兵马到达的地方，水闸、水坝都被毁坏，渠道也被填塞，土地荒芜，生产遭到严重破坏。张文谦当时巡察西夏，一方面要整顿地方行政，另一方面也想重兴水利，恢复农业生产。所以他带了擅长水利的郭守敬同行。郭守敬到了那里，经过详细勘察以后，发动民工疏浚了一批原有的渠道，还开挖了一些新河道，重新修建起许多水闸、水坝，当地人民久旱盼水，大家都关心这切身利益的事，齐心协力。不出一年时间，这些工程就完工了，900多万亩农田得到灌溉，开闸的那天，人们望着那滚滚长流的渠水，心里无比喜悦！这年粮食丰收，百姓生活也都得到改善。修完了渠，郭守敬离开了西夏，于1265年回到了上都，同年被任命为都水少监，协助都水监掌管河渠、堤防、桥梁、闸坝等的修治工程。后又于1271年升任都水监，1276年都水监并入工部，他被任为工部郎中。

开凿大都至通州的运河

从距今 800 多年前的金朝起，北京就成了国家的首都，元朝时，它称为大都，成为当时全国的政治、经济中心。大都城内的粮食达几百万斤，这些粮食绝大部分是从南方产粮地区征运来的，为了便于运输，从金朝起，人们就在华北平原上利用天然水运和隋唐以来修建的运河建立了一个运输系统，但由于自然条件所限，它的终点不是北京，而是京东的通州，离北京还有几十里路，这段路程只有陆路可通。陆路运输要占用大量的车马、役夫，一到雨季泥泞难走，沿路要死许多牲口，粮车往往陷在泥中，役夫们苦不堪言，因此开凿一条从通州直达京城的运河，以解决运粮问题，是迫在眉睫的问题。通州的地势比大都低，因此要开运河，只能从大都引水流往通州。这样就必须在大都城周围找水源，经过郭守敬的勘测、设计，不但修通了原来的运河，还新开凿了一条从大都到通州的通惠河，这样，从江南到大都的水路运输就畅通无阻了。

三　天文学方面的贡献

1276 年，元军攻下了南宋首都临安（今浙江杭州），全国统一已成定局。就在这一年，元世祖迁都大都，决定修订旧历，颁布元朝自己的历法。元政府下令在大都成立一个编订历法的机构，名叫太史局，负责调动全国天文学者另修新历。这件工作由分掌太史局事务和具体编算工作的王恂负责，他精通天文和数学，当时王恂想到老同学郭守敬，虽然郭守敬担任的官职一直是在水利部门，但他长于制器和通晓天文，因此，王恂推荐郭守敬参加修历，奉命制造仪器，进行实际观测，从此郭守敬又开始新的一项工作内容，在天文学领域里发挥高度的才能，他与王恂对天文学都做出了重要贡献。

制定出一整套天文仪器

郭守敬首先检查了大都城里天文台的仪器装备，这些仪器有的是金朝的遗物，有的是北宋时的东西，是金兵攻破北宋的京城汴京以后，从那里搬运到燕京来的，因为汴京的纬度和燕京相差约4度多，不能直接使用。虽然有些被金朝的天文官改装过，但是到元初也已经毁坏了。这些仪器终究是太古老了，虽经修理，但在天文观测必须日益精密的要求面前，仍然显得不相适应，郭守敬不得不创造一套更精密的仪器，为改历工作奠定坚实的技术基础。古代在历法制定工作中，所要求的天文观测主要是两类：一类是测定二十四节气，特别是冬至和夏至的确切时刻，用的仪器是圭表；一类是测定天体天球上的位置，应用的主要工具是浑仪。

郭守敬用了两年时间，精心设计制定出一整套天文仪器，共13件：高表、简仪、圭表、候极仪、玲珑仪、仰仪、立运仪、证理仪、景符、窥儿、日月食仪以及星晷（guǐ）定时仪等。其中最有创造性的有三件，高表、简仪和仰仪。郭守敬的高表，是古代圭表的发展。表是一根直立在地面上的标杆和石柱，圭是从表的底端水平地伸向正北方的一条石板，每天太阳"走"到正南方时，表影落在圭面上，量度表影长度，就能推算出节气的时刻，这是最古老的天文仪器之一。郭守敬的简仪，是中国传统浑仪的发展，是最早制成的大赤道仪。比丹麦天文学家第谷制成的同类仪器早了 310 年。郭守敬的仰仪，是个中空的半球面，形状像口锅。锅沿刻有方位，锅里刻有与观测地纬度相当的赤道坐标网。锅口架一小板，板上有孔，孔的位置正在球面的中心。太阳光通过小孔，形成一个倒落在锅里的像，由此读出太阳坐标和该地的正太阳时刻。仰仪还可以用来观测日食，读出日食的时刻、方位和时分等。仰仪是世界上第一架太阳投影的观测仪。

圭表的改造

元朝初年沿用当年金朝的"重修大明历"，这个历法是 1180 年修正颁布的。几十年来，误差积累日渐显著，发生过好几次预推与实际现象不符的事，迫切需要重新修历。郭守敬认真分析了造成误差的原因，然后针对各个原因找出克服困难的办法。首先，把圭表的表竿加高 5 倍，观测时的表影也加长 5 倍。表影加长了，按比例推算各个节气时刻的误差就可以大大减少。其次，他创造了一个叫做"景符"的仪器，使照在圭表上的日光通过一个小孔，再射到圭面，阴影的边缘就很清楚，可以量取准确的影长，这就解决了表影边缘不清的问题。再次，他还创造了一个叫做"窥儿"的仪器，使圭表在星和月的光照下也可以进行观测。另外，他还改进量取长度的技术，使原来只能直接量到"分"位的提高到"厘"位，原来估计能量到"厘"位的，提高到"毫"位。

制定了《授时历》

郭守敬对圭表进行的这些改进，解决了很多困难问题，他的观

测工作自然就能比前人做得更好。郭守敬的圭表改进工作完成后，因为对观测的迫切需要，1277 年的冬天就开始用它来测日影了。最初的高表柱是木制的，后来才用金属铸成。可惜这座表早已被毁，我们现在无法看到了，幸而河南省登封市还保存着一座砖石结构的观星台，其中主要部分就是郭守敬的圭表。1279 年，郭守敬在向元世祖报告的时候，提出在太史院里（即太史局）建造一座新的司天台，同时在全国范围内进行大规模的天文测量。这个大胆的计划马上得到元世祖批准。经王恂、郭守敬一起研究，在全国各地设立了 27 个测点，最北的测点是铁勒（今西伯利亚的叶尼塞河流域），最南的测点在南海（今西沙群岛上）。选派了 14 个监测官员，分别到各地进行观测，郭守敬也亲自带人到几个重要的观测点去观测。各地的观测点把得到的数据全部汇总到太史局。1280 年 3 月，郭守敬根据大量数据编制了新的历法，新历法适用于全国，是全国统一的历法。这套准确精密的新历法称为《授时历》，新历法设定一年为 365.2425 天，比地球绕太阳一周的实际运行时间只差 26 秒。欧洲著名的历法《格里历》也规定一年为 365.2425 天，但是《格里历》从 1562 年才开始使用，比郭守敬的《授时历》晚了 300 年。《受时历》是当时世界上最先进的一种历法，一直沿用到清初。

浑仪的改造

浑仪至迟在公元前 2 世纪就已由我国发明家发明了，唐宋以来，历代都有发展，它的结构完全仿照人们心目中反映出来的那个不断转动着的天体圆球。在这圆球里是许多一重套一重的圆环，这种圆环有的可以转动，也有不能转动。在这些重重叠叠的圆环中间夹着一根细长的管子，叫做窥管，把这根细管瞄准某个星球，从那些圆球上就可以推定这个星球在天空中的位置。因为这个仪器的外形像一个浑圆的球，所以称为浑仪，它是我国古代天文仪器中一件十分杰出的创作。而在欧洲，到了16世纪左右，才出现与我国北宋浑仪同样精细的仪器。但是浑仪的结构也有很大的缺点，一个球的空间是很有限的，在这里面大大小小安装了七八个环，一环套一环，重重掩蔽，把许多天空区域都遮住了，这就缩小了仪器的观测范围。另外，有好几个环上都有各自的刻度，读数系统非常复杂，观测者在使用时也有许多不便，这是第二个缺点。郭守敬就针对这些缺点作了很大的改进，他改进浑仪的主要想法是简化结构，他准备把这些重重套套的圆环省去一些，以免互相掩蔽，阻碍观测。那时候数学中已发明了球面三角法的计算，有些星体的运行位置、度数可以从数字计算求值，不必要在浑仪中装上圆环来直接观测，这样就使得郭守敬在浑仪中省去一些圆环的想法有实现的可能。郭守敬保留了浑仪中最主要和必需的两个圆环系统，分出来改成另一个独立的仪器，把其他系统的圆环完全取消，这样就根本改变了浑仪的结构。再把原来罩在外面作为固定支架用的那些圆环全部撤除，用一对弯形的柱子和另外四条柱子承托留在这个仪器上的一套主要圆环系统，这样，圆环就四面凌空，一无遮拦了。这种结构，比起原来的浑仪来真是又实用又简单，所以取名"简仪"。"简仪"的结构同现代被称为"无图式望远镜"的仪器之构造基本上是一致的，在欧洲，像

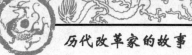

这样结构的测天仪器到 18 世纪以后才从英国流传开来。郭守敬简仪的刻度也空前精细，以往的仪器一般只能读到一度的 1/4，而简仪却可读到一度的 1/36，精密度一下子提高了很多。这架仪器一直保存到清初，可惜，后来被在清朝钦天监中任职的一个法国传教士纪理安拿去当废铜销毁了。现在只留下一架明朝正统年间（1436—1449年）的仿制品，保存在南京紫金山天文台。

四　对郭守敬的评价

王恂、郭守敬等在大都兴建了一座新的天文台，安置着郭守敬所创制的那些天文仪器，它是当时世界上设备最完善的天文台之一。这一次天文观测的规模之大，在世界天文学史上也是少见的。郭守敬在天文历法方面的著作有 14 种共 105 卷。1981 年为纪念郭守敬诞辰 750 周年，国际天文学会将小行星 2012 命名为"郭守敬小行星"。在郭守敬有过贡献的地方以及他的家乡，都建立了郭守敬纪念馆。北京在后海北面依山的地方也建立了郭守敬纪念馆，以示纪念。

大明医圣：医药学家李时珍

明朝（1368—1644年）虽已是我国封建社会晚期，但明朝中期以后，各方面都取得了辉煌的成就。

1368年8月，由朱元璋领导的起义军在大将徐达、常遇春等人指挥下，一举攻陷大都——北京，宣告元朝灭亡。同年朱元璋在建康（今南京）称帝，建立明王朝。

一 明朝简史

明太祖即位后，对以往的制度进行改革，汉族人在华夏大地上，重新建起封建王朝。明朝废去中书省和丞相，分政权于吏、户、礼、兵、刑、工六部，直属皇帝管辖。成祖朱棣以入京除奸为名，发动"靖难之役"，经过四年战争，打败惠帝统治集团，夺取政权为明成祖。成祖对北方少数民族五次亲征，先后打败鞑靼、瓦剌两部蒙古

骑兵。1421 年迁都北京，加强对北方诸侯的控制。1449 年瓦剌军又南犯，英宗领兵 50 万出击，至土木堡时，明军覆灭，英宗被俘。"土木之变"后明军又经过艰苦的战争，终于打败瓦剌军，放英宗回朝。明朝用二十多年时间制定了《大明律》，严明法纪，维护社会安定。明朝中期统治相对稳定，社会各方面都有发展。农业发展已远远超过前代，由于农业的迅速发展，使更多的劳动力解放出来，有了雇佣劳动，进一步促进手工业与商业的发展，青花瓷器扬名世界。全国技术好的手工业工人，必须为官营手工业部门服务，出现了手工工场。商品经济繁荣，促进了市场的发展和城市化。科学文化发展，四大名著有三个出于明朝，还有《本草纲目》、《天工开物》、《永乐大典》等。著名的航海家郑和六次下西洋。1628 年明朝最后一帝即位，此时明朝已内乱不止。崇祯十二年，李自成等领兵在四川、河南击败明军，1644 年攻入北京，后吴三桂引清军入关，明朝灭亡。

二　李时珍生平

李时珍（1518—1593 年），字东璧，号濒（bīn）湖，湖北蕲（qí）州（今湖北省蕲春县蕲州镇）人，汉族，生于明武帝十三年，卒于神宗万历二十一年。其父李言闻是当地名医，李时珍继承家学，喜欢读书，非常博学。李家世代行医，那时民间医生地位很低，李家常受官绅欺侮。因此，父亲打算让李时珍读书应考，以便一朝成功，出人头地。李时珍自小体弱多病，然而性格刚直纯真，对空洞的八股文不屑一学。自 14 岁中了秀才，他在其后 9 年，三次到武昌考举人均落选。他便放弃科举做官的打算，专心学医。于是向父亲求说，并表明决心："身如逆流船，心比铁石坚，望父全儿志，至死不怕难。"父亲在现实面前终于醒悟了，同意了儿子的要求，并精心教他学医。

李时珍 24 岁开始学医，白天跟父亲到"玄妙观"去看病，晚上在油灯下熟读《内经》、《本草经》、《伤寒论》、《脉经》等古典医学著作。已经读书 10 年，却从未出家门。他所读的书中，尤其重视本草，并富有实践精神，肯于向劳动人民学习。1551 年，李时珍因治好了富顺王朱厚焜儿子的病，而医名大显。他 38 岁时被武昌的楚王召去任王府"奉祠正"，兼管良医所事务。三年后，又被推荐上京任太医院判。在此期间，他有机会饱览了王府和皇家珍藏的丰富典籍，摘录了不少医学资料，并看到了许多平时难以见到的药物标本，大大开阔了眼界，丰富了知识。但太医院是专为宫廷服务的医疗机构。当时被一些庸医弄得乌烟瘴气，李时珍在此只任职一年，便辞职回乡。李时珍曾参考历代有关医药的学术书籍 800 余种，并结合自身经验和调查研究，历时 27 年编成《本草纲目》一书，此书是我国明代以前药物学的总结性巨著，在国内外均有很高的评价。

三　医药学方面的贡献

整理本草

中国古代医家本草之书，上自神农所传就有 365 种，到唐朝，苏恭增加 114 种，宋朝刘翰又增加 120 种，到了唐慎微诸先生，先

后增补加上以前的共1558种，当时一般人认为已经算是完善的。然而李时珍认为品数太多，名称也太杂，有时或一物而折为二、三，或二物而混为一品。于是李时珍"穷搜博采，芟（shān）烦神阙"，经历30年，阅读书籍800多种，书稿订正三次，而著成《本草纲目》一书。《本草纲目》增加药物达374种，分为16部，合共52卷，60类。共收载历代诸家本草所载药物1892种，其中植物药1094种，矿物、动物及其他药798种。每种药首先以正名为纲，附释名为目；其次是集解、辨疑正误，详述产状；再次是气味、主治，附方说明体用。内容极其丰富，是我国药物学的宝贵遗产，对后世药物学的发展做出重大贡献。

纠正了前人医药上的错误

在编写《本草纲目》时，最使李时珍头痛的就是药名的混杂，药物的形状和生长的情况十分不明。在南朝齐梁时期陶弘景所著《本草经采注》、唐代的《新修本草》、宋代的《开宝本草》、《嘉祐本草》、《经史证类备急本草》中，李时珍发现本草书存在不少问题。在药物分类上是草木不分、虫鱼互混，如"生姜"和"薯蓣（yù）"应列在菜部，古代的本草书列入草部。有的是两种药材说成一种，如"兰花"只能供观赏，不能入药用，而有的本草书将"兰花"当作药用的"兰草"。当时太和山五龙宫产的"榔梅"，被道士们说成是吃了"可以长生不老的鲜果"。他们每年采摘回来进贡皇帝，官府严禁其他人采摘。李时珍不信道士们的鬼话，要亲自采来试试，看看它有什么功效，于是他不顾道士们的反对，竟贸然采了一个，经研究，发现它的功效跟普通的桃子、杏子一样，能生津止渴而已，是一种变了形的榆树的果实，并没有特殊的功效。更严重的是竟将有毒的"钩藤"，当作补益的"黄精"。古代本草书上那么多的错误，主要是对药物缺乏实地调查造成的。做一个医生，不仅要懂医理，也要懂药理，如果把药物的形态和性能搞错了，就会闹出人命来。

李时珍刚直不阿，对卖假药的人，直言不讳地指出是不道德的行为。他治好楚王儿子的病，不要钱财、官位，而是求楚王上奏皇帝，重修本草。百姓得知此事，纷纷献出家藏秘方来支持他。李时珍为验证草药功能，与徒弟走遍四处寻觅，亲自采集药材，并得到当地药农支持。

四　李时珍行医的故事

开棺救母子

一天，李时珍来到湖口，见一群人正抬着棺材送葬，而棺材里直往外流血。李时珍上前一看，见流出的血不是瘀血而是鲜血，于是赶忙拦住人群说，"快停下来，棺材里的人还有救啊！"众人听了面面相觑，彼此都不敢相信，人已死了，再开棺惊动故人，不是太不吉利了吗，可万一……李时珍当然看出大家的心事，于是便反复劝说，终于使主人开棺一试。李时珍先是进行一番按摩，然后又在其心窝处扎了一针，不一会，就见棺材里的妇人轻轻哼了一声，竟然醒了，于是人群欢动，又高兴又奇怪。不久之后，这名妇女又顺利产下一个儿子。于是人们都传言，李时珍一根银针，救活了两条

人命，有起死回生的妙法。这就是李时珍开棺救母子的故事。

活人断其死

传说李时珍以一根银针救活母子两条命后，许多人都想见一见这位神医。一天有家药店老板的儿子正在柜台上大吃大喝，听说这事后，也想去看看热闹。他费了好大力气终于挤到李时珍面前，问道："先生，你看我有什么病吗？"李时珍见此人气色不好，敢忙给他诊脉，过后，十分惋惜地说道："小兄弟，可惜呀，年纪轻轻地活不了三个时辰了，请赶快回家去吧，免得家里人到处找。"众人都不信，那个药店老板的儿子更是大骂不止。后来在众人的劝说下，才气呼呼地走了。果不其然，不到三个时辰，这个人便死掉了。原来是此人吃饭过饱，纵身一跳，肠子断了，内脏受损。由此人们更是惊叹李时珍的神奇医术了。

在船上看好知县公子的病

江南的初春经常刮风，李时珍来到江边，打听是否有去湖口的船，顺便捎带一下。船上家丁回答说："我家老爷带公子到汉口看病，公子病没治好，又遇到大风不能走，不会让你上船。"当听说知县的儿子有病，李时珍自荐说："我是一个行医的，能否让我给你们公子看看？"那家丁从上到下把李时珍打量一番，见其貌不扬，断定不会是有大本领的人，便摆手说："不行不行！"此时那位知县听外边有人讲话，从船舱里走了出来，问明缘由后，让家丁放下跳板，叫李时珍上船。他仔细地问过李时珍，对他的医术还不放心，但为了治儿子的病，便让他试试，并答应如果能治好儿子的病，就让他随船到湖口去。就这样，李时珍全神贯注地把脉看病，将开好的药单交给知县，知县拿不定主意，怕乱服药有什么差错，更加延误儿子的病。李时珍看出他的心事，指着药单说，大人不必顾虑，用不着公子服用，只需他用鼻子闻一闻，说不定也有效果。那知县听他这么一说才略放心，随即差人去药店配药，药配回之后，李时珍即把一个小小火炉放在船头，紧靠着公子的舱房，并在公子床边留一小缝隙，然后把药倒在锅内用小火慢慢翻炒，病床上的公子闻着这药香，目光渐渐有神了，晚上突然想要吃饭了。湖口知县对李时珍的医术十分惊叹，让他继续给儿子看病开药。经过李时珍精心疗理，十来天后，公子的病痊愈了。知县感激不尽，拿出很多银两酬谢，李时珍婉言谢绝，只求随船到湖口，那知县自然点头应允了。

李时珍的《本草纲目》历经 27 年编成，它是明代以前药物学总结性的巨著，在国内外享有很高的评价。

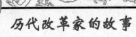

明朝改革家张居正

明朝经过中期的繁荣，各方面都有长足的发展，到万历年间（1573—1620 年），明朝已处于封建社会晚期，各种社会矛盾相继出现。政治腐败，皇帝不理朝政，土地高度集中，地主豪强拒不交税，国穷财尽已到了触目惊心的地步。在这种危急时刻，张居正进行改革，以重振大明盛世。

一　张居正改革的背景

万历年间，张居正等改革派进行十年改革，取得很大的成绩。

生产力的发展要求新的经济制度与之相适应。明朝中国封建社会已逐渐走向衰落，旧的经济制度已不适应生产力的发展，政治腐败，经济凋敝。各种矛盾显现出来，甚至激化。东南沿海地区经济的发展出现了资本主义萌芽。

豪强地主兼并土地，拒不交税。社会经济最严重的问题仍是土地高度兼并。在江南，有个大地主占田多达 7 万顷。豪强劣绅隐瞒土地，拒不缴税，严重影响了国家的正常税收收入。隆庆五年，全年财政收入 250 万两，而支出达到 400 多万两，赤字超过三分之一；官员的贪污、腐败及浩大的军费，更加重了国家的财政负担。国穷财尽，已到了触目惊心的地步。

政治腐败，皇帝不理朝政。嘉靖皇帝深居内宫，修仙炼道，十数年不问朝政，政务自然落到内阁身上。谁成为首辅，谁就能主政，就握有最高的权势。因此，内阁首辅之争异常激烈。

这时，明王朝内阁首辅张居正，在历史紧要关头，坚定地推行一系列政治、经济改革措施，使衰老的封建体制，再现生机，缓和了严重的社会矛盾，促进了社会经济发展，巩固了明朝的封建统治。

二　张居正的生平

张居正（1525—1582 年），少名白圭，字叔大，号太岳，谥号"文忠"，嘉靖四年出生在湖北江陵（今湖北省荆州市）一个普通农民家庭。他的祖先是朱元璋打天下时的士兵，祖父张镇在辽王府当护卫，父亲张文明只是一个秀才。而张居正 7 岁时已经通晓六经的大义，少年居正是远近闻名的"神童"。12 岁时，当他到荆州府报考生员时（指还没有考上秀才的童生），知府李士翱对他的才学大为赞赏，并把他的名字改为"居正"，古人云"其身正，不令而行"，又说，"官正则民服"，希望张居正有朝一日做一个堂堂正正的官员。

张居正

张居正 13 岁时曾写下《咏竹》绝句：“绿遍潇湘外，疏林玉露寒，凤毛丛劲节，直上劲头竿。”嘉靖十六年是乡试年，这年张居正 13 岁，也从老家江陵来到武昌碰运气。没想到这一去，13 岁的神童张居正和年近 63 岁的湖广巡抚顾璘竟然成了忘年交。顾璘读了张居正的文章，不禁击节叫好，连称“国士”。等到见面交谈，张居正的英俊、少年老成的容貌，更令顾璘大为惊叹。老者反反复复打量着这位年纪比自己小半百，被当地人称为神童的少年，连连称赞并称为“小友”、“荆州秀才”。他一边解下自己的佩带，给张居正系上，一边不停口地鼓励：“孺子善自珍重，日后前程远大，蟒袍玉带指日可待，我的这条带子原本配不上你啊。”并笑道，希望我的小友发迹之后，别忘了你的老友。张居正对顾璘的这番厚爱也铭记了一生。16 岁时，张居正成为明朝最年轻的举人，26 岁时他考中进士，步入仕途。此时，社会的政治环境非常恶劣，而张居正却绝处逢生。嘉靖三十九年，他的才识被裕王认可，被请到裕王府当老师，裕王就是隆庆皇帝。隆庆元年，张居正入内阁辅政，因与隆庆皇帝有师生情谊，所以格外受到重用。

张居正性格沉稳，不偏不倚，其他辅臣对其大加赞赏。隆庆四年，许多阁臣在争斗中纷纷倒台，高拱跃居首辅，张居正位居其次。两人最初配合得还好，不久矛盾就出现了。隆庆六年春，长期沉湎酒色的隆庆皇帝在一次早朝中突然中风。宫廷与内阁各派力量围绕掌印太监与首辅职位展开斗争，高拱与张居正争夺内阁大权也正式开始了。作为阁臣的张居正和太监冯保为了各自的利益走到了一起。高拱于隆庆三年进入内阁，并兼任吏部尚书，两年后升任内阁首辅，此人一向以精明强干自诩，傲视同僚，对于内阁次辅张居正也是如此。张居正不是等闲之人，穆宗病危时，他瞒着高拱与冯保准备了"遗诏"，穆宗死后，他和冯保的关系更加密切。高拱不能容忍大权旁落，决定先拿冯保开刀，以自己起草的削夺太监权力的《陈五事疏》征求同僚的意见。张居正当场一口答应，并佯笑道：除掉冯保这个阉臣，就像除掉一只死老鼠。然后马上派人告诉冯保，要他早作准备，二人合力对付高拱。高拱看不起小皇帝，既然高拱攻击冯保是害死先帝的元凶，那么冯保就反击，高拱根本不把小皇帝放在眼里，利用皇后、皇贵妃、小皇帝的孤儿寡母心态一举击倒高拱。冯保向皇后、皇贵妃、小皇帝说："拱斥太子为十岁的孩子，如何作人主？"后妃听了大吃一惊，面色立即大变。这就激怒了皇后、皇贵妃、皇帝，她们决定罢高拱的官。隆庆六年六月十六日早晨，高拱、张居正率领部院大臣来到会极门，只见王太监捧着圣旨出来，用尖细的嗓音喊道："张老先生接旨！"这一声喊，大大出乎高拱的预料，明明他是首辅，为何不说"高老先生接旨！"王太监接着念道：皇后懿旨、皇贵妃令旨、皇帝圣旨：说与内阁、五府、六部等

衙门官员，大行皇帝殡天先一日，召内阁三人在御塌前，同我母子三人亲受遗嘱，说：东官年小，要你们辅佐。今有大学士高拱专权擅政，把朝廷威福都强夺自专，通不许皇帝主管。不知他要何为？我母子三人惊恐不宁。高拱着回籍闲住，不许停留。高拱万万没有想到，遭到斥逐的不是冯保，而是他自己，并丝毫没有回旋的余地——"回籍闲住，不许停留"。顿时浑身瘫软，直冒冷汗。冯保联合张居正借助皇后、皇贵妃之手，把高拱赶下台，只是权力斗争中玩弄手腕而已。隆庆临危托孤，要内阁首辅、次辅张居正等尽心辅佐幼主。年仅 10 岁的朱翊钧——万历皇帝登基第二天，就下旨令掌印太监孟冲回籍闲住，由冯保继任。皇后、皇贵妃全力支持张居正与冯保，最后把辅佐、教导万历皇帝的重任交给张居正。

张居正改革离不开皇帝的支持，当时皇帝年幼，除每月三、六、九日上朝听政外，其他时间都在文华殿读书，国家大政方略全由张居正拍案决定。张居正全面负责小皇帝的学习，亲自总结自尧、舜以来，历代帝王治国得失的经验，撰写了《帝鉴图说》作为教材。这本书以讲故事的方式，深入浅出地讲授帝王行政之道。每个故事还配上精美的图画，图文并茂，以引起小皇帝的学习兴趣。张居正对小皇帝的要求非常严格，每天布置功课。如果小皇帝没有认真背诵或领会，就会遭到严厉的斥责。有一次万历皇帝读《伦语·乡党》时，把"色勃如也"，读成了"色背如也"。张居正当着大臣的面，厉声喝道"应该读'播'！"吓得小皇帝忙低头纠正。平时如果小皇帝背着张居正做了越制出轨的事情，冯保就会吓唬他："让张先生知道了，看你怎么办？"小皇帝听了很快就会收敛自己。虽然四书五经抽象、深奥、枯燥无味，但是万历皇帝还是仔细听，认真学。有一天，张居正询问他学习情况，他说："昨天一位讲官在讲解'大学'时，讲错了字，我本想给他纠正，又担心他害怕，就未敢正面指正。"张居正心中大悦，心想："皇帝长大了，也知道体贴人了。"在张居正的教诲下，少年万历皇帝举止有度，落落大方，初显一位勤政清廉的帝王形象。张居正本人也不是一个野心家，面对孤儿寡母统治的大明天下，他一心想肃清社会流弊，再现大明盛世。万历帝和张居正的君臣合力，也是封建社会历史上的最后一次，张居正在政治经济管理方面推行的改革，重振了大明帝国的辉煌。

三 改革的内容

1. 政治方面

整顿吏制

他认为各级官吏，长期因循旧事，纲纪废弛，机构臃肿，昏庸腐败，因此，需要重典吏治。这引起了朝中众官员的强烈不满，他们向张居正施加压力，借机闹事。张居正和冯保指使东厂特务放火烧死了二十余名官员，并借"京察"之际，对四品以上官员实行考核，昏官与庸官一律裁汰，对违法乱纪的官员严惩不贷。冯保的侄子殴打平民百姓，张居正果断地把他革职。远在云南的黔国公沐朝弼，自以为天高皇帝远，屡次犯法。张居正派人前去捆绑沐朝弼，将他押解幽禁在南京。据载，他大刀阔斧对北京及留都南京的 3 万

名无能官员进行裁撤,总计裁汰冗员7千多人。他还整顿边疆防务,任用戚继光、李成梁等名将镇守边防。在张居正执政期间,原来软弱疲惫的官场为之一振,朝廷号令"虽万里外,朝下而夕奉行",行政效力大大提高。

加强中央集权的行政权力

在中国封建社会,皇权毫无疑问是一切权力的中心,但明朝当时由于太监专权,内阁权势旁落,因此,太监冯保、李太后、明神宗和张居正便构成了万历初年的政权中心。张居正认为,为了提高行政效率,必须建立一个严格、精确而又具有高效率的权力机构。万历元年,张居正出任内阁首辅,真正掌握了行政实权后,就提出"考成法",以解决中央集权的问题。他的"考成法"旨在加强内阁的行政和监察责任,提高六科的监察效能。设立考成行政系统后,对六部、都察院等实行随时考试,即建立起完整的稽查制度,以六部控制抚按,以六科控制六部,再以内阁控制六科,理顺了上下行政关系,沟通了行政信息交流的渠道,把内阁真正建成了政治行政的中枢。从此,张居正身为内阁首辅,便可以通过"考成法"掌握全国的行政信息,及时处理并作出决定。决定下达,要督促检查,保证政令能够被迅速地贯彻执行。《明史·张居正传》有记:"居正为政,以尊主权,课吏职,信赏罚,一号令为主。虽万里外,朝下而夕奉行。"从这里就看出他的权力之大和管理能力之强。

2. 经济方面

节省政府各项开支

以"倡节约"、"杜私门"为指导方针，贯彻量入为出的原则。"倡节约"是为了抑制贵族豪强的奢侈浪费，节省官府的各项开支，此举缓解与改变了明王朝多年来入不敷出、国库空虚的财政困境。张居正特别反对大吃大喝，尤其是利用公款吃喝。礼部和翰林院开馆编纂修订《穆宗实录》，这在当时是一件大事，按例应由皇帝命名礼部钦赐酒宴，他阻止了，并上疏皇帝奏请免于赐宴，道："一宴之资，动至数百金，省此一事，亦未必非节财之道。"嘉靖和隆庆年间，驿站几乎成了各级官吏随意使用的交通工具，他们滥用勘合，耗费民财，也使公用之需受到影响。张居正于万历三年着手整顿，命令各级官吏非奉公差，不得借用勘合，并制定新的规章制度，使驿站的费用大为减少。即使对于皇室贵族的奢侈开支，他也尽力谏阻，尤其是万历小皇帝逐渐长大，其用度越来越浪费，如万历七年，小皇帝向户部索求十万金，张居正与户部张学颜面谏力争，终于免了这笔开支。一次小皇帝想搞一次元宵灯火，他劝阻说："挂一些灯在殿上就可以尽兴了，不必再搞什么灯棚。以后的几年还会有许多大事，例如皇上的大婚，潞王的出阁，每件事都要花钱。天下民力有限，还是节省一点好。"小皇帝便点头答应了说："朕极知民穷，按先生的话办吧。"

清丈田地，平均赋税

明朝中期以来，沉重的徭役与纷繁的赋税成为压在人民身上的

沉重负担，并造成了极大的社会不公与动荡。张居正稳步以改革赋税制度和清理赋税为重点，力图改变田钱不均的不合理现象。这时，赋税改革的焦点已经集中在清丈田地上，多年来，贵族豪强兼并土地，逃脱赋税。为了平均赋税，必须要切实清丈田地，核清全国土地的真实情况。张居正在万历初年就以福建为试点，开始了这桩艰巨复杂的工作。万历八年，福建巡抚终于完成清丈田亩的工作。张居正决定把福建的经验推广全国。第二年，全国范围的清丈各类田亩工作也基本完成了，成效是很显著的。虽然在清丈田亩过程中，有弄虚作假的情况存在，可是总的来看，确实缓解了嘉靖以来赋税不均的状况。这也必然遭到权豪世家的反对与攻击：史书典籍记载，饶阳王府、潞阳王府等，都肆行阻挠清丈田地，王公子弟遮道噪乱，江南大地主及官僚世家，都极力反对清丈田地，认为这项工作损失了他们的经济利益。尽管如此，最后仍然完成了对全国田地的清丈。当时，官民田土的耕地面积达到 1161 万余顷，成为万历年间乃至整个明朝后期财政状况最好的时期。

推行"一条鞭法"

自嘉靖始，就有官员提出"一条鞭法"，万历四年，张居正进一步完善并改为"一条鞭法"，先在湖广地区实行，后推广到全国范围内。应天巡抚的海瑞，在推行"一条鞭法"时做出了很大的成绩。"一条鞭法"有以下特点：（1）赋役合并征缴。过去名目繁多的各种差徭以及土贡方物，"悉并为一条，皆计亩征银"，而且取消力役，由官府雇人应役，以此除繁趋简，使赋税逐渐归并。（2）田亩计亩征银。田赋中除米麦等少数用实物缴税外，其余税粮、差役一律折合白银来缴纳征收，开启了由实物税向货币税过渡。（3）用雇佣劳役代替力役。客观上是有利于工商业的发展。（4）赋役银两由地方官直接征收与解送。"量地计丁，丁粮毕输于官"，改变了过去民征民解的办法。计算征赋数量，也由过去以粮区的计算办法改为以州县为单位。"一条鞭法"注重田赋，而疏于丁户，并且采取赋役折银的办法，有利于雇役制度发展，使农民们交纳赋税以后，容易离开土地，从事其他行业的生产活动，同时它改变了嘉靖年间以后赋役严重不均的状况。赋税制度的改革，推动白银流通货币，促进了商品经济的发展，对外贸易由此活跃。

改革的成果

十年新政（被称为黄金十年）吏治澄清，边防巩固，拯救了明王朝行将倾覆的大厦，把衰败混乱的明王朝治理得焕然一新。张居正上任时国库亏空 7000 多万两银子，到 1582 年，国库有了 1300 万两银子，国家的财政收入好转。官民的田土耕地面积达到 1161 万余顷，成为万历年间乃至整个明朝后期财政状况最好的时期。张居正堪称一代中兴明相，后人将他的赫赫功绩与商鞅、王安石并肩齐名，称为我国封建社会初期、中期与后期最具盛名的三大改革家。

四　风云突变

正在改革取得很大的成就时，风云突变。张居正始终站在权力斗争的前沿，他的对手总想将其置于死地。万历五年，张居正迎来

了最大的考验。他的父亲这年去世，按惯例他必须离职回家守丧三年。而此时改革刚有起色，正在关键时，万历皇帝深感"不可一日无张先生"。而张居正也感到宏图未展，难舍京城。于是万历皇帝就下诏"夺情"，不批准张居正回家。张居正也半推半就，演出了一场"在官守制"的故事。君臣二人的做法，引起了许多大臣的强烈不满。他们批评张居正贪恋权位，不忠不孝，要求去职守丧。万历皇帝与张居正态度异常坚决，他们采用果断甚至令人恐怖的手段，镇压反对派，将余懋学革职为民，傅应祯充军，刘台下锦衣卫狱，吴中行被痛打当场昏死。"夺情风波"显示了权力巅峰上的张居正驾驭权柄的能力，似乎一切都在他的掌握之中。然而谁也不曾想到，精力犹旺之时，一场宿疾痔疮的复发，竟然要了张居正的命。万历十年，太师兼太子太师、吏部尚书、中级殿大学士张居正病逝。死讯传来，万历皇帝为其辍朝一日赐治丧银，并遣官护丧归葬，张居正死后的一段时间极尽哀荣。但风云随之突变，万历十年十二月四日，万历皇帝突然下诏削夺张居正一切官爵，并查抄家产。尚未来得及逃出的老弱妇孺数十人被关在府内，其长子自缢身亡，三子自杀未遂，八旬老母也没被放过，家眷数十人饿死，张居正也遭鞭尸，部下皆被撤职。从权力之巅的荣耀跌入家破人亡的地狱，张居正生前死后的巨大反差，给后人留下太多的思索，万历皇帝态度的转变对张居正的败亡起了决定作用。一个言听计从的好学生，何以在很短的时间内截然转变，对恩师家族痛下杀手呢？人们猜测无数。其中有一点不可否认，那就是张居正本人也有许多不检点之处。例如，他曾接受戚继光用军费购买的绝色美女（还是异族）。他知道冯保贪财，就投其所好，一次就让儿子将七张琴、九颗夜明珠、五付珍珠帘、三万两黄金和十万两白银送到冯保家中。冯保被抄家时，搜出家产白银上百万两。万历皇帝当然有理由怀疑张居正的家产更丰，随即也抄了张居正的家。虽然张居正的财富没有冯保多，但近20万两金银和大批田产也足以让万历皇帝瞠目结舌。张居正死后，明朝的各种社会矛盾急剧恶化，一发而不可收。在大明国丧钟清晰可闻的时候，人们愈发怀念那个敢作敢为、魄力非凡的张居正。历史就是这样令人悲啼欢笑，当年诽谤新政的人，又何尝料到日暮途穷的他们，竟会梦想重尝改革带来的成果，当初大骂张居正是禽兽而被杖打致残的邹元标，拖着一条拐腿为张居正的昭雪奔走呼号，试图召回失去的新政。张居正死后不足40年即昭雪，崇祯年间全面平反。当朝大儒李贽称张居正是"宰相之杰"，官员士大夫自发地为其辩诬表冤，甚至反对派也为他申冤。

然而，古老的帝国大厦终于被历史的巨浪冲击得分崩离析了。

大刀阔斧改革的清朝雍正帝

清朝（1616—1911 年）是女真族（满族）建立起来的封建王朝。它是中国历史上继元朝之后，第二个由少数民族统治中国的时期，也是中国最后一个封建帝制国家。

一　清朝简史

明朝后期，女真族出现一位出色的领袖爱新觉罗·努尔哈赤，在他的统治下女真族迅速崛起。1616 年，努尔哈赤在赫图阿拉建立"后金"，脱离了明朝的统治。1636 年，皇太极在沈阳改国号为清。明崇祯十七年（1644 年），李自成攻克北京后，在山海关的总兵吴三桂以为明朝报仇为名，引清兵入关，此时皇太极已死，其子福临在摄政王多尔衮的辅佐下，同年 5 月攻占北京，几个月后，清朝将都城迁至北京，开始了在关内的统治。

　　清朝统治者一直忙于消灭反清势力和农民起义的余部。顺治十八年，吴三桂入缅，消灭明朝最后一支力量。吴三桂等三人因灭明有功，被封在云南、福建、广东为藩王。1662 年顺治帝死，其子玄烨在辅政大臣鳌拜等人辅佐下登基，年号康熙，是为清圣祖。康熙帝是我国历史上著名的皇帝之一，他在位期间是清朝发展最快的一段时期。他即位之初，朝政一直由辅佐大臣主持，致使鳌拜结党营私，危害帝权。康熙八年，年仅 16 岁的康熙成功剪除鳌拜及其党羽，开始亲政。康熙博学多才，既精通传统文化，又懂得西方的科学知识，善于管理，又能治国安邦，被称为"千古一帝"。他先后平定三藩叛乱、准格尔部叛乱、西藏叛乱，招抚台湾郑氏家族，与俄国签订《尼布楚条约》，确定了国界。经济方面，废除原先满族人执行的圈地制度，鼓励开荒，兴修水利，减少农民的赋税，这就大大加速了农业发展。

　　康熙之后，雍正即位。他在位期间，经济继续快速发展，雍正也是清朝历史上一位明君。继雍正帝之后的是乾隆帝，他吸取康熙宽政和雍正严政的经验，实行宽严相结合的政策和缓和民族矛盾的政策，加强同蒙古、回等少数民族的联系。乾隆帝在其父雍正统治的基础上，进一步发展经济，加强各方面的建制，又在承德建立了避暑山庄行宫，国力更加强盛。康熙、雍正、乾隆三代皇帝统治时期，社会稳定，人民生活水平有很大的提高，大清帝国达到有史以来的鼎盛阶段，被称为"康乾盛世"。1772 年乾隆下令编《四库全书》，经十年完成，分经、史、子、集四部，三万六千余册，保存了大量文史资料。乾隆晚期，修建圆明园。圆明园仿照大江南北的名胜古迹建造，耗尽了国家的财力。乾隆帝先后六次南巡，极尽奢华，劳民伤财，致使贪官污吏横行。嘉庆的统治不如其父辈有作为，但他求治心切，起用被乾隆贬的官员，广开言路，诛杀贪官和珅，但经济发展较为缓慢。道光统治时中国进入鸦片战争之后的近代。下面介绍雍正帝的改革。

二　雍正的生平

雍正（1678—1735 年）姓爱新觉罗，名胤禛，庙号世宗，康熙第四子，45 岁即位，是清军入关后的第三任皇帝。雍正 6 岁时开始读书，最初的老师是侍讲学士顾八代。这位"品行端方，学术醇正"的学者很受雍正的尊敬，老师的潜移默化，对雍正日后做人行事也有一定的影响。其后雍正又随饱学的大臣张英、徐元梦等学习。每天除研读四书五经，作诗练字外，还有满洲语文的必修课程以及

雍正

骑马、射箭和使用各种火器的训练，骑射技术也很高。雍正的学识极为渊博，在中国历代君主中是少见的。雍正元年（1723 年），是清军入关第 80 年，社会矛盾积累很深，盘根错节。雍正盛年登基，年富力强，刚毅果断，阅历丰富，颇有作为。他执政严猛，在位短短 13 年，主要政策是大刀阔斧地"改革"。他是一位名副其实的改革型皇帝。

三 一系列改革措施

（1）整顿吏治。康熙晚年，身患中风，宽仁施政，吏治松弛，贪污腐败已然成风。雍正对父皇晚年弊政看得很清，他登基后，便大刀阔斧、雷厉风行地连续颁布 11 道御旨。训谕各级文武官员，不许暗通贿赂，私受请托；不许库钱亏空，私纳苞苴；不许虚名冒饷，侵渔贪婪；不许纳贿财货，戕人之罪；不许克扣运费，不许多方勒索，不许恣意枉法等。如因循不改，必定重罪严惩。命将亏空钱粮各官，即行革职追赃，不得留任。命各省督、抚将幕客姓名报部。禁止出差官员，纵容属下需索地方。经查户部库存亏空银 250 余万两，令历任堂司人员赔补。同年设立会考府，进行审计，整顿收支。这一年，被革职抄家的各级官吏就达数十人，其中有许多是三品以上大员。《清史稿·食货志》说："雍正初，整理度支，收入颇增。"史家评论说："雍正澄清吏治，裁革陋规，整饬官方，惩治贪墨，实为千载一时。彼时居官，大法小廉，殆成风俗，贪冒之徒，莫不望风革面。"这足以说明雍正整顿吏治的成效。

（2）密折制度。即把机密奏文写在折叠的白纸上，外面加上封套。康熙时就有奏折制度，雍正时密折制度又加以完善，皇帝特许的官员才有资格上奏折。康熙时奏事的官员 100 多人，雍正时增加到 1200 多人。奏折的内容，几乎无所不包。皇帝通过奏折可以直接同官员对话，更加了解和掌握下面的实际情况。雍正时存在的满、汉文奏折 41600 余件，是研究雍正时期历史的重要档案资料。

（3）设军机处。雍正登基之后，虽然有内阁与总理事务大臣综理国家事务，但是皇帝掌握政权，丝毫不肯下放。雍正七年，因西北各地用兵关系，为防止军机外泄，皇帝挑选了少数几位可信大臣和他一起议事，设置军机房，后改称"军机处"，这样就组成新的主权生力军。军机处当年地址在北京市海淀区老虎洞北侧，因军机处设在这里，所以叫做军机处胡同，后来迁至紫禁城隆宗门内北侧。它的主要职能是每日晋见皇帝，商承处理军政要务，以面奉谕旨名义，对各部门各地方发布指示。所起草公文，由朝廷直接寄发，称为"廷寄"，封函标明"某处某官开拆"字样，由兵部捷报处发送。清朝重要的军政机构有三个：议政处、内阁、军机处。军政要务归军机处，一般政务归内阁，军机处权力远在内阁之上，内阁宰相名存实亡。军机处的建立，标志着皇权专制走向极端。

（4）"改土归流"。云、贵、粤、桂、川、湘、鄂等省少数民族地区主要由世袭土司管辖，雍正的"改土归流"制度就是革除土司制度，在上述地区分别设立府、厅、州、县，委派有任期的、非世袭的"流官"进行管理。这种管理体制同内地一样。雍正的"改土归流"，打击了土司的世袭特权和利益，减轻了西南少数民族的负担和灾难，促进了这一地区经济文化的发展。

（5）"摊丁入亩"。雍正以前都是土地和人分开纳税，雍正始推丁银摊入地亩，这是赋役制度的重大改革。赋税不均是清军入关后长期影响社会不稳定及经济发展的严重问题，清初赋税制度沿袭明代将人丁摊入地亩并一律征收银两的"一条鞭法"，但经过明末社会动乱，各地的人口和土地占有状况发生了较大的变化。清政府为此对"一条鞭法"进行了必要的调整，重新编审户籍人口，并规定了增审人丁的考成法，以尽量增加在册人丁数额和赋役收入。但在执行过程中，许多官吏不顾实际情况，一味追求增审人丁，结果出现了税额与现有人丁严重不符的问题，户丁的编审也成为贫困农民的一项沉重负担。更为严重的是一些地方士绅，为了逃避编审丁役，与地方官勾结，把负担转嫁给普通百姓。赋役的摊派不均，使大批贫困农民无力承担繁重的丁银，被逼逃往异乡。雍正下令，将丁银均摊到地亩之内，造册征收、在全国推行单一赋役标准的"摊丁入亩"。此后，福建、山东、河南、浙江、陕西、甘肃、云南、安徽、江西、湖南等省，陆续实行了"摊丁入亩"政策，并从法律上取消了人头税，减轻了贫穷无地者的负担。这一制度具有积极意义，颁布后社会人口急剧增长。

（6）废除贱籍。"贱民"不属于士、农、工、商，这种身份世代相传，不得改变。"贱民"不能读书，不能参加科举考试，也不能做官。这种"贱民"主要有浙江惰民、陕西乐籍、北京乐户、广东疍（dàn）户等。绍兴的"惰民"相传是宋元罪人的后代，他们男人从事捕鱼、捕蛙、卖锡等，女的做媒婆、卖珠等活，兼卖淫。这些人"丑秽不堪、辱贱已极"，人皆贱之。另有安徽的伴当、世仆，其地位比乐户、惰民更为悲惨。如果村里有两姓，此姓全都是彼姓的伴当、世仆，过着有如奴隶般的生活。广东沿海一带有疍户，以船为家，捕鱼为生，生活漂泊不定，不得上岸居住。雍正对历史上遗留

下来的乐户、惰民、丐户、世仆、伴当、疍户等，命令除籍，开豁为民，编入民户。

（7）制定主佃关系法令。雍正对不法的绅衿、地主严厉打击。雍正提出的律文是："凡不法绅衿，私直板棍，擅责佃户，勘实后，乡绅照违制律议处，衿监吏员革去衣顶职衔，照律治罪。如将佃户妇女占为婢妾，皆革去衣顶职衔，按律治罪。至于奸顽佃户，拖欠租课欺慢田主者，照律治罪，所欠之租照数追给田主。"雍正定律将绅衿擅责佃户以满刑论处，表现了严厉禁止绅衿凌虐佃农的态度，这种主佃关系的律例，既保护地主收租，又保障农民人身地位，其本质是代表封建地主阶级的利益，但是对农民给以人身保护，具有进步作用。

（8）对外贸易。对外政策上，雍正的改革是谨慎的，工作重中之重是保证江山的稳固和人民的安全，而对外开放、对外开展贸易则容易导致社会动荡、民众不安，不利于统治者的管理。为此，明朝的统治者和康熙以前的清帝，都曾实行海禁，一度中断了对外贸易往来。雍正即位后，审时度势，斟酌再三，在一定范围内解除海禁，使得沿海民众摆脱了流离失所的境地，同时也增加了税收，充盈了国库。为了加强对外商的管理，雍正帝还制定了严格的外商管理措施，实行海关引水制度和稽查制度，同时逐步改善了与邻国的外交关系。虽然过去一直对沿海实行海禁政策，但对广州实行对外开放贸易的特殊政策。广东历来是外贸的中心，明万历年间，代市舶司（掌管海外贸易的专司机构）经营进出口贸易的即有"广东三十六行"之称。而在对外贸易中起最重要作用的人，是"行商"，又叫"洋商"、"官商"。行商是封建社会发展到一定阶段的产物。雍正初年，洋行名为"十三行"。"十三行"并不只是十三家，雍正时就有四五十家。"十三行"作为当时中国唯一的对外贸易特区，朝廷对洋货行商人的准入作了严格的规定，必须是身家殷实、货财富裕的人才有资格进入"十三行"，成为从事对外贸易的商人。"十三行"使行商成为中外商人进行贸易的中介者，对于以广州为中心市场的贸易全球化有极大的促进作用。此后商贾使节来往不绝，亚洲、欧洲、美洲几乎所有有影响的国家和地区，都与"十三行"有贸易往来。

四　对雍正帝的评价

雍正作为一代政治家，留给后人的宝贵遗产有两个：勤政和选储。

雍正"以勤先天下"，不巡幸不游猎，日理政事终年不息。仅以朱批奏折而言，现存雍正时汉文奏折 35000 余件，满文奏折 6600 余件，他平均每天要批阅奏折 10 件，多在夜间亲笔朱批，有的奏折上的批语竟有 1000 多字。

选储，就是建立秘密立储制度，解决皇帝的继承人问题。康熙以前没有选储的制度化，清太祖死后，因皇位继承，出现太妃生殉的悲剧，害得多尔衮从小失去母亲。清太宗死后，还未入殓，为争夺王位竟兵戎相见；清圣祖死前，储位未定，演出了雍正兄弟骨肉相残的闹剧。大清皇帝是家天下，如何在家族内确立接班人，是清

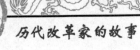

朝建立一百多年未解决的问题。雍正提出一个办法，即预立皇帝继承人，又不公开宣布，这就是秘密立储。即将传位诏书置密封锦匣中，预先收藏于乾清宫"正大光明"匾后。这是建储制度的一项重大创举。这既有利于在皇子中选优，又避免皇子们争夺储位，可以保证皇位继承的平稳过渡。

在康熙、雍正、乾隆三朝，雍正处于承上启下的历史时期，雍正既继承了康熙大帝的历史遗产，又改革了康熙晚年的弊政，同时为乾隆的繁盛打下了基础。康、雍、乾三朝，既是清朝历史发展的鼎盛时期，也是中华帝国历史发展一个鼎盛时期。雍正在位的十三年，政绩卓然。不幸的是，就在他改革大见成效时，却突然暴毙。

雍正是奋发有为并对历史发展作出贡献的君主，是历史上为数不多的杰出帝王之一。